JIANGSU SHENG
SHENGTAI HUANJING ZHIFA JIZHI
CHUANGXIN TIXI YANJIU

江苏省生态环境
执法机制创新体系研究

主编◎冯　彬　陆嘉昂　胡开明

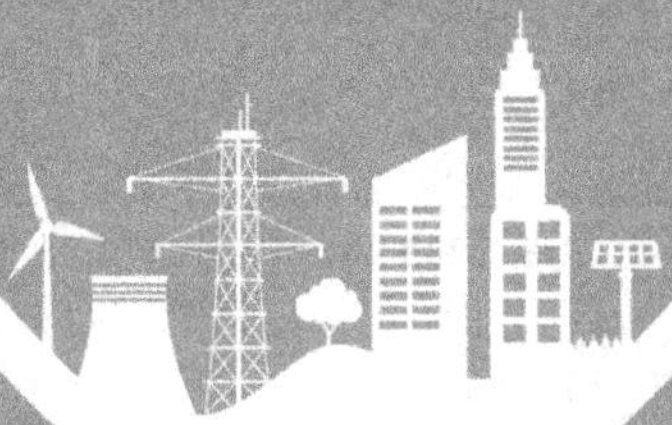

河海大学出版社
HOHAI UNIVERSITY PRESS
·南京·

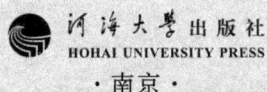

图书在版编目(CIP)数据

江苏省生态环境执法机制创新体系研究 / 冯彬,陆嘉昂,胡开明主编. -- 南京:河海大学出版社,2023.9
ISBN 978-7-5630-7647-5

Ⅰ.①江… Ⅱ.①冯… ②陆… ③胡… Ⅲ.①生态环境-环境保护-行政执法-研究-江苏 Ⅳ.①D927.530.268.4

中国版本图书馆 CIP 数据核字(2022)第 245753 号

书　　名	江苏省生态环境执法机制创新体系研究
	JIANGSU SHENG SHENGTAI HUANJING ZHIFA JIZHI CHUANGXIN TIXI YANJIU
书　　号	ISBN 978-7-5630-7647-5
责任编辑	齐　岩
文字编辑	杨　楠
特约校对	王春兰
封面设计	徐娟娟
出版发行	河海大学出版社
地　　址	南京市西康路 1 号(邮编:210098)
电　　话	(025)83737852(总编室)　(025)83722833(营销部)
经　　销	江苏省新华发行集团有限公司
排　　版	南京布克文化发展有限公司
印　　刷	广东虎彩云印刷有限公司
开　　本	787 毫米×1092 毫米　1/16
印　　张	8.75
字　　数	142 千字
版　　次	2023 年 9 月第 1 版
印　　次	2023 年 9 月第 1 次印刷
定　　价	48.00 元

编委会

主　　　编：　冯　彬　陆嘉昂　胡开明

副　主　编：　徐　洁　杨云飞　李昌平　陈　璐

主要参编人员：　温嘉霖　张　蕊　钱　楠　杨芳芳

　　　　　　　　林　超　赵华肆

前言
Preface

近年来，虽然生态环境取得了明显改善，但我国污染排放和生态保护的严峻形势没有根本改变，生态环境保护任重道远。江苏是我国经济发展的先导地区，同时也是我国人口最稠密、生态较脆弱的地区之一，资源与投资驱动型的发展道路造成资源与能源消耗数量大、密度高，对江苏生态安全造成极为不利的影响。随着工业化、城镇化的快速推进，江苏省环保执法面临的形势异常严峻，任务更加繁重，压力与日俱增。在环保执法领域，当前存在的问题集中表现为"一弱三难"。

"一弱"是短板突出，基层力量弱。全省环保执法人员总量少，"上强下弱"，呈"倒金字塔"结构，基层执法力量不足。"三难"是：其一，多头多层，责任落实难。纵向上，省、市、县各层级存在多支执法队伍；横向上，与农委、住建、水利、国土等多部门存在职能交叉，责任混杂。纵横交错的执法格局，导致推诿扯皮、多头多层执法、任性扰民执法等问题。其二，监管乏力，联合治理难。企业重生产轻生态、主体责任意识淡薄，地方重发展轻环保、主导责任意识淡薄，部门重宣传轻惩治、管理责任意识淡薄，尚未形成多元、联合治理的环保执法格局。同时，大数据应用不足，公众参与度不高，社会信用体系不完善，联合激励与惩戒机制不健全等，制约了环保执法工作深入推进。其三，创新滞后，执法履职难。环保执法的领域日益拓展，范围不断扩大；但相比之下，执法体制不完善、执法机制不灵活、执法方式较单一，有限的行政执法资源尚未与繁重的环保执法任务实现科学合理的匹配。

习近平总书记指出，"实行最严格的制度、最严密的法治""对破坏生态环境的行为，不能手软，不能下不为例"。2016年中央下发《关于省以下环保机构监测监察执法垂直管理制度改革试点工作的指导意见》，为环境执法改革明确了方向。2018年从中央层面开始推动综合执法，通过综合执法改革，推动形成综合执法监察与行业规划监管之间既相互制约又相互协调的橄榄型现代治理结构，推动形成精治共治法治的社会治理新局面。

环境执法机制创新是推进环境治理能力和治理体系现代化的重要任务，是环境管理体制重大变革的重要内容，是应对严峻环境形势的迫切需要，也是满足人民群众优美生态环境需要的重要保障。环境执法是落实环境保护法律法规和政策的最直接手段，也是保护生态环境、维护群众环境权益的最有力措施。但从目前生态环境执法法律法规、执法体制机制、执法队伍及装备能力建设来看，与新时代环境执法的要求还有一定差距，与严峻环境形势不相适应。

本研究针对当前生态环境执法中存在的法律法规实施细则不完善、执法的体系化手段和能力不够强、联动响应机制不健全等问题，系统分析当前生态环境保护法律法规政策实施的现状及其与环境管理不相适应的体制机制，对需要完善之处进行系统分析，尤其是对执法机制与当前环境执法垂直管理改革、"大部制"改革等要求不相适应的内容进行重点分析，找出制约执法能力、效率的关键因素，为完善执法机制奠定良好基础；结合采集的企业执法监管数据和实际业务，立足于现有的网格化管理资源的基础，科学划分监管网格。建立业务工作程序化运行机制，建设生态环境指挥大数据，实现政务数据共享，建立舆情信访预测模型，为优化生态环境指挥大数据执法监控平台提供数据支撑，为促进执法规范化、标准化建设，提升执法效能，提高环境执法信息化、智能化水平提供有力支撑。

目录
Contents

1 研究背景 ··· 001
  1.1 生态环境执法机制内涵 ··· 001
    1.1.1 生态环境执法机制 ··· 001
    1.1.2 生态环境保护法律体系 ·· 002
  1.2 生态环境执法能力现代化内涵和特征 ··· 007
    1.2.1 生态环境执法能力现代化内涵 ··· 007
    1.2.2 生态环境执法能力现代化特征 ··· 009
  1.3 国内外环境执法发展经验借鉴 ·· 012
    1.3.1 国外发展经验 ··· 012
    1.3.2 国内发展经验 ··· 014
  1.4 江苏省生态环境执法形势分析 ·· 015
  1.5 江苏省生态环境执法问题分析 ·· 017
    1.5.1 相关法律标准规范有待完善 ··· 017
    1.5.2 执法联动响应机制有待健全 ··· 018
    1.5.3 执法手段和能力有待提升 ·· 019

2 生态环境执法规范化、精准化建设 ·· 021
  2.1 现代化生态环境治理体系研究 ·· 021
    2.1.1 生态环境治理体系的内涵与发展 ····································· 021
    2.1.2 江苏省生态环境治理体系建设亟须破解的关键难题 ··· 023
    2.1.3 江苏省生态环境治理体系总体框架构建 ·························· 024

2.2 江苏省环境综合执法装备配备情况研究 026
2.2.1 我国环境执法装备标准发展概况 026
2.2.2 江苏省环境综合执法机构及装备概况 027
2.2.3 当前执法装备存在的问题 029
2.2.4 对策与建议 033
2.3 生态环境执法标准化、规范化建设研究 036
2.3.1 执法能力现代化建设成效 036
2.3.2 生态环境保护综合行政执法存在的问题 037
2.3.3 "十四五"时期面临的机遇与挑战 039
2.3.4 综合行政执法能力现代化建设重点任务 040
2.4 规范化生态环境执法工作研究 045
2.4.1 厘清规范执法任务 046
2.4.2 细化规范执法环节 046
2.4.3 落实规范执法制度 049
2.5 环境执法检查实用技术指南研究与制定 050
2.5.1 环境执法检查实用技术指南意义 050
2.5.2 环境执法检查实用技术指南编制情况 050
2.5.3 环境执法检查实用技术指南编制原则 052
2.5.4 三项重点行业现场环境执法检查实用技术指南 052

3 生态环境执法系统化、一体化建设 056
3.1 突发环境事件应急预案机制研究 056
3.1.1 江苏省应急预案管理现状 056
3.1.2 江苏省应急预案管理存在的问题 057
3.1.3 应急预案修编的必要性 059
3.1.4 应急预案修编的总体思路 060
3.1.5 应急预案的主要内容 060
3.1.6 应急预案适用范围 062
3.1.7 应急预案管理工作展望 062
3.2 打击环境违法行为系统联动工作机制研究 063
3.2.1 建立系统联动工作机制的主要措施 063

  3.2.2 打击环境违法行为系统联动工作机制实施框架 ········· 064
  3.2.3 打击环境违法行为系统联动工作机制实施流程 ········· 065
 3.3 生态环境行政执法与刑事司法衔接机制研究 ················ 070
  3.3.1 生态环境行政执法与刑事司法衔接机制的理论发展 ··· 071
  3.3.2 生态环境行政执法与刑事司法衔接机制的主要构成 ··· 071
  3.3.3 生态环境行政执法与刑事司法衔接机制的制度实践 ··· 075
  3.3.4 江苏省生态环境行政执法与刑事司法衔接机制建设情况
     ··· 077
  3.3.5 江苏省生态环境行政执法与刑事司法衔接机制存在的问题
     ··· 080
  3.3.6 江苏省生态环境行政执法与刑事司法衔接机制完善路径
     ··· 081
 3.4 环保信访与舆论监督机制研究 ······································· 084
  3.4.1 环保信访与舆论监督机制现状和背景 ······················ 084
  3.4.2 江苏关于环保信访与舆论监督的实践 ······················ 086
  3.4.3 当前存在的主要问题 ··· 088
  3.4.4 环保信访与舆论监督机制优化建议 ·························· 089
 3.5 生态环境监督管理过程中加强企业产权保护研究 ········· 090
  3.5.1 在环境监管中的企业产权问题 ································· 090
  3.5.2 加强企业产权保护的必要性 ···································· 091
  3.5.3 江苏省加强企业产权保护的目的 ····························· 091
  3.5.4 江苏省加强企业产权保护的主要内容 ······················ 091

4 生态环境执法高效化、信息化建设 ································· 094
 4.1 生态环境综合行政执法工作考核评估体系研究 ············· 094
  4.1.1 研究背景 ··· 094
  4.1.2 执法考核目的与意义 ··· 094
  4.1.3 指标体系构建 ·· 095
  4.1.4 结果应用 ··· 097
 4.2 生态环境智慧大数据执法监控平台优化研究 ················ 098
  4.2.1 大数据执法监控平台研究现状 ································· 098

4.2.2　工作基础及存在的问题 ·················· 100
　　　4.2.3　技术路线和关键技术 ··················· 101
　　　4.2.4　建设内容研究 ······················· 104
　　　4.2.5　设计方案 ·························· 107
　4.3　生态环境智慧监管系统建设研究 ················· 113
　　　4.3.1　生态环境智慧监管系统现状 ··············· 113
　　　4.3.2　生态环境智慧监管系统建设意义 ············· 125
　　　4.3.3　生态环境智慧监管系统升级研究 ············· 125

图目录

图 2.1.1	中国生态环境治理体系变迁过程	023
图 2.1.2	江苏省生态环境治理体系总体框架设计图	025
图 2.2.1	江苏省生态环境专用执法车辆分布情况	028
图 2.2.2	江苏市、县（区）级执法机构专用执法车辆配置情况	030
图 2.2.3	各地区个人移动执法设备配置情况	030
图 2.2.4	部分现场执法辅助设备配备情况	031
图 2.2.5	江苏省专用执法车辆使用情况	032
图 2.2.6	基层主要职责范围	033
图 2.2.7	环境综合执法装备标准体系框架图	034
图 2.4.1	江苏省规范化生态环境执法体系框架图	049
图 2.5.1	环境监察指南发展路线图	051
图 2.5.2	重点行业现场执法检查实用技术指南框架图	053
图 2.5.3	生活垃圾焚烧发电工艺流程图	054
图 3.2.1	打击环境违法行为系统联动工作机制框架图	065
图 3.2.2	打击环境违法行为系统联动工作机制实施流程图	066
图 3.3.1	环境刑事案件受理移送流程图	072
图 3.3.2	2013—2019年江苏省环境资源一审案件（刑事）受理数量	080
图 3.4.1	环境监管中政府、企业、公众关系	086
图 4.1.1	江苏省执法效能考核评估指标体系	097
图 4.2.1	业务一体化监管流程	107
图 4.3.1	企业画像评分	114
图 4.3.2	推荐执法画面	115
图 4.3.3	指挥调度流程图	119
图 4.3.4	实时执法定位	121

表目录

表 1.1.1　我国生态环境保护相关法律 …………………………………… 003
表 3.3.1　环境行政执法与刑事司法衔接相关规范性文件和司法解释
　　　　　…………………………………………………………………… 076
表 3.3.2　江苏省高级人民法院关于环境资源案件集中管辖的规定 …… 078
表 4.3.1　江苏省企业"环保脸谱"综合评价标准（试行）…………… 117

1 研究背景

1.1 生态环境执法机制内涵

1.1.1 生态环境执法机制

"机制"一词源于希腊文,指机器的构造和工作原理。生物学和医学借用此词,指生物机体构造、功能及其相互关系,以及其间发生的各种变化过程的物理、化学性质和关系属性。在任何一个系统中,机制都起着基础性的根本作用。在理想状态下,有了良好的机制甚至可以使一个社会系统接近一个自适应系统——即在外部条件发生不确定变化时,能自动地迅速作出反应,调整原定的策略和措施,实现优化目标。

生态环境执法机制是环境执法单位依据法律授权,在现行执法制度、执法体制的框架下,为履行法律监督职能及实现法律监督效果最优化而选择的职能运行方式,它贯穿于执法办案全过程,是由所有相辅相成、有机联系的程序和规则构成的有效运行的整体。其特征,一是由法律授权的各项执法职能组成,各项法律监督职能规定是执法机制的前提。二是包含了各项执法职能之间的相互关系,这是执法机制的基础。执法部门内部各项法定职能统一于法律监督这一整体,因此必然产生各项职能如何协调的问题。三是各项执法职能具体的运行方式及其所追求的法律监督目标,这是环境执法机制的核心所在。通过各项执法职能既独立又统一的综合协调运行,从而发挥制度的功能。四是执法机制还必须考量与其紧密相关的外部因素及其作用方式和相互关系，如党的领导和生态环境执法工作的关系，公众对执法的监督关系等。

进一步细分，环境执法机制可分为环境执法形式机制和环境执法功能机制。

环境执法形式机制是从执法形式和具体类型的角度来考察环境执法各部分之间的关系及其运行方式所形成的机制，包括综合执法机制、联合执法机制、执法协调机制。环境执法形式机制能克服重复执法、多头执法、执法权限冲突、单独执法等缺陷。面对复杂的综合性环境要素，可以采取综合执法；针对突发性情况，涉及部分职权交叉的可以通过联合执法解决；执法协调贯彻环境执法过程，主要应对环境执法权限冲突产生的负面影响，促进和加强环境执法机关及其部门之间的合作。现行的执法机制有问题反馈和信息共享机制、执法与刑事司法衔接机制、跨区域联合执法机制、异地执法机制等。

环境执法功能机制则是从环境执法作用发挥的角度考察执法过程中各部分之间的相互关系及其运行方式而形成的机制，包括激励机制、制约机制、保障机制三种。环境执法功能机制为环境执法顺利进行提供基础性的保障，充分调动和发挥环境执法各要素的积极性，由被动执法转向主动执法，既激励环境执法主体积极履行职责，又防止环境执法权过分扩张及滥用，还为有效执法提供制度、物质和队伍保障，如有奖举报机制、容错纠错和尽职免责机制、督导帮扶机制等。

1.1.2　生态环境保护法律体系

我国的生态环境执法制度起步较晚，在立法层面，目前尚无专门针对环境执法的相关法律。1979年我国颁布并实施了第一部环境保护法《中华人民共和国环境保护法（试行）》，此后相继出台《中华人民共和国海洋环境保护法》(1982)、《中华人民共和国大气污染防治法》(1987)等环境污染治理法律，《中华人民共和国草原法》(1985)、《中华人民共和国渔业法》(1986)等资源保护与管理法律，以及《征收排污费暂行办法》(1982)等环境管理法律法规。1989年《中华人民共和国环境保护法》颁布实施。1997年，刑法加设"破坏环境资源保护罪"，1999年发布实施《环境保护行政处罚办法》，至此环境保护法律体系基本确立。此后，2010年发布实施

《环境行政处罚办法》，同时废止《环境保护行政处罚办法》；2023年发布实施《生态环境行政处罚办法》，同时废止《环境行政处罚办法》。2018年颁布实施了《中华人民共和国土壤污染防治法》，填补了环境保护在土壤污染领域的空缺。我国环境保护法律法规中不乏关于执法手段的规定，各种强制性执法手段，如行政处罚、行政检查和行政许可等都可以在现行环境保护法律法规中找到相关规定。随着环境问题的日益突出，我国对多部资源、环境法律进行修订，不断加大执法力度。例如，2015年起施行的《中华人民共和国环境保护法》新增"按日计罚"的制度，罚款数额上不封顶；规定了行政拘留的处罚措施；设立了环保公益诉讼制度等。2018年修正的《中华人民共和国大气污染防治法》条文共129条，其中法律责任条款30条，规定了大量针对性措施，并提出了相应的处罚细则，具体的处罚行为接近90种。对法律责任条款的严格修订，大大提高了资源和环境类法律的实操性和针对性。我国生态环境保护相关法律见表1.1.1。

表 1.1.1 我国生态环境保护相关法律

类别	序号	法律	时间
一、综合	1	中华人民共和国环境保护法	1989.12.26 通过 2014.4.24 修订
二、海洋环境保护	2	中华人民共和国海洋环境保护法	1982.8.23 通过 2017.11.4 第三次修正
	3	中华人民共和国海域使用管理法	2001.10.27 通过
	4	中华人民共和国海岛保护法	2009.12.26 通过
三、水污染防治	5	中华人民共和国水污染防治法	1984.5.11 通过 2017.6.27 第二次修正
	6	中华人民共和国水法	1988.1.21 通过 2002.8.29 修订 2009.8.27 第一次修正 2016.7.2 第二次修正
	7	中华人民共和国长江保护法	2020.12.26 通过
四、大气污染防治	8	中华人民共和国大气污染防治法	1987.9.5 通过 2018.10.26 第二次修正
五、土壤污染防治	9	中华人民共和国土壤污染防治法	2018.8.31 通过
六、固体废物污染防治	10	中华人民共和国固体废物污染环境防治法	1995.10.30 通过 2016.11.7 第三次修正 2020.4.29 第二次修订

续表

类别	序号	法律	时间
七、噪声污染防治	11	中华人民共和国噪声污染防治法	2021.12.24 通过
八、核与辐射安全	12	中华人民共和国放射性污染防治法	2003.6.28 通过
九、能源资源	13	中华人民共和国节约能源法	1997.11.1 通过 2016.7.2 第一次修正 2018.10.26 第二次修正
	14	中华人民共和国可再生能源法	2005.2.28 通过 2009.12.26 修正
	15	中华人民共和国循环经济促进法	2008.8.29 通过 2018.10.26 修正
	16	中华人民共和国清洁生产促进法	2002.6.29 通过 2012.2.29 修正
十、生态保护	17	中华人民共和国森林法	1984.9.20 通过 2019.12.28 修订
	18	中华人民共和国草原法	1985.6.18 通过 2013.6.29 第二次修正 2021.4.29 第三次修正
	19	中华人民共和国渔业法	1986.1.20 通过 2013.12.28 第四次修正
	20	中华人民共和国矿产资源法	1986.3.19 通过 2009.8.27 第二次修正
	21	中华人民共和国土地管理法	1986.6.25 通过 2004.8.28 第二次修正 2019.8.26 第三次修正
	22	中华人民共和国传染病防治法	1989.2.21 通过 2004.8.28 修订 2013.6.29 修正
	23	中华人民共和国水土保持法	1991.6.29 通过 2010.12.25 修订
	24	中华人民共和国煤炭法	1996.8.29 通过 2016.11.7 第四次修正
	25	中华人民共和国气象法	1999.10.31 通过 2016.11.7 第三次修正
	26	中华人民共和国防沙治沙法	2001.8.31 通过 2018.10.26 修正

续表

类别	序号	法律	时间
十一、生态环境保护督察	27	中央生态环境保护督察工作规定	2019.6.6 施行
十二、环境应急处理	28	中华人民共和国突发事件应对法	2007.8.30 通过
十三、环境影响评价	29	中华人民共和国环境影响评价法	2002.10.28 通过 2018.12.29 第二次修正
十四、生态环境保护税	30	中华人民共和国环境保护税法	2016.12.25 通过 2018.10.26 修正
十五、行政执法	31	中华人民共和国行政许可法	2003.8.27 通过 2019.4.23 修正
	32	中华人民共和国行政强制法	2011.6.30 通过
	33	生态环境行政处罚办法	2023.7.1 施行

我国的环境行政执法程序按照《生态环境行政处罚办法》执行，规定了一般程序为"立案—调查取证—案件审查—告知和听证—法制审核和集体讨论决定—信息公开"。对于违法事实确凿并有法定依据的违法行为，对公民处以二百元以下、对法人或者其他组织处以三千元以下罚款或者警告的行政处罚，可以适用简易程序，当场作出行政处罚决定。同时也作了外部移送机制规定，环境保护主管部门依据案件的不同性质，可移交公安机关、纪检、监察部门、司法机关处理或报有批准权的人民政府。生态环境执法程序中的调查取证是难点，由于环境案件的隐蔽性和专业性，对环境行政执法人员素质、执法技术信息化、现代化水平等方面有较高的要求。同时还需要完善环境行政执法和刑事司法衔接机制、生态环境系统内部执法联动工作运行机制等，确保生态环境执法全过程高质高效运行。随着环境污染问题频出，人民对美好生活环境的呼声渐高，各级政府加强生态环境行政执法能力建设，从执法队伍素质、两法衔接机制、生态环境综合行政执法改革等方面不断进行探索和强化。

江苏省牢固树立尊重自然、顺应自然、保护自然的绿色发展理念，积极开展地方立法工作，共制定、修订生态环境保护法规四十多项，为江苏生态环境保护提供了坚强的法律支撑。在污染防治领域，形成了以《江苏省太湖水污染防治条例》《江苏省大气污染防治条例》《江苏省环境噪声污染防治条例》等法规为主体的污染防治立法体系；在自然资源保护领域，形成了以《江苏省水资源管理条例》《江苏省节约能源条例》《江苏省气候资源保护和开发利用条例》等法规为主体的自然资源保护立法体系；在生态保护领域，形成了以《江苏省湖泊保护条例》《江苏省水土保持条例》《江苏省湿地保护条例》等法规为主体的生态保护立法体系。

党的十八大以来，国家开始推行环境监察执法垂直管理制度改革和生态环境保护综合行政执法改革，推动环境执法机制不断创新发展。对省、市、县三级环境保护机构，尤其是环境监察与执法机构，进行深刻的制度性变革。2016年，国务院出台《关于省以下环保机构监测监察执法垂直管理制度改革试点工作的指导意见》，将"环境监察执法"行政管理权一分为二。"环境执法"重心向市、县下移，并依法赋予环境执法机构实施现场检查、行政处罚、行政强制的条件和手段。为进一步深化生态环境保护综合行政执法改革，国家出台《关于深化生态环境保护综合行政执法改革的指导意见》《生态环境保护综合行政执法事项指导目录（2020年版）》等文件，组建环境、农业、水利、国土、海洋、林业等"六部合一"的生态环境保护综合行政执法队伍，明确环境执法权责，理清执法条款依据，实现与环保机构垂直管理制度改革的有机衔接。生态环境部机构改革和生态环境保护综合行政执法队伍改革后，生态环境执法在职能上、任务上发生很大变化，生态环境执法工作综合性要求不断加强。从职能上，增加了原国土、农业、水利、海洋等多个部门相关污染防治和生态保护执法职责。从任务上，增加了对生态破坏的执法、涉温室气体排放的执法、海洋环境的执法。生态环境执法工作从以前的单打独斗、各负其责转变为综合监管、统筹协调，对综合性、系统化执法机制体系建设的需求愈加迫切。在国家鼓励下，地方不断探索发展执法机制，京津冀地区推动建立环境执法与环境应急联动工作机制，长三角地区探索建立环境执法联动机制，并初步建立污染源监测与环境执法协同联动机制、环境司法与行政执法协作机制等，进一步完善生态文明建设和环境法治保障机制、环境应急预警机制。

江苏作为经济大省和资源能源消耗大省，一直致力于环境保护与经济发展齐头并进。省委、省政府高度重视环境治理和监管工作，从理顺体制、加强职责、调配编制、充实力量等方面，积极主动为全省环保工作提供保障服务。依靠上下共同努力和强有力的执法支撑，全省环境形势总体趋稳向好，环境监管执法取得了积极成效。但目前江苏省的执法水平与新时代环境执法的要求还有一定差距，队伍能力素质与生态环境综合执法要求还有差距，环境执法能力建设亟待加强；环境执法机构职责不清，亟须理顺环境执法机构与其他相关部门、环保系统内部机构的职责关系；环境执法与司法机关及公安、住建等相关部门联动机制有待进一步优化；公众参与及舆论监督等方面的制度规范、工作机制有待健全；尚未建立起全省统一的环境执法监控平台，环境执法信息化、智慧化体系建设有待完善。

研究以体制改革为背景基础，以江苏实际情况和存在的问题为抓手，进一步完善执法制度、优化执法机制，推动执法体系、执法能力现代化建设，为江苏省生态环境保护水平提升和高质量发展提供管理支撑服务。

1.2 生态环境执法能力现代化内涵和特征

1.2.1 生态环境执法能力现代化内涵

随着我国生态环境保护进入攻坚期、关键期和转型期，生态环境领域国家治理体系和治理能力现代化建设开始加速。党的十九届四中全会审议通过了《中共中央关于坚持和完善中国特色社会主义制度 推进国家治理体系和治理能力现代化若干重大问题的决定》（以下简称《决定》），详细阐述了推进生态环境治理体系和治理能力现代化有关内容，作出了"坚持和完善生态文明制度体系，促进人与自然和谐共生"的重大战略部署，将十九大报告中"坚持人与自然和谐共生"的基本方略进一步上升为制度，纳入国家治理体系之中。《决定》明确指出，推进生态环境治理能力现代化必须坚持及完善的制度体系，即"实行最严格的生态环境保护制度、全面建立资源高效利用制度、健全生态保护和修复制度、严明生态环境保护责任制度"四大制度构成的制度体系。生态文明制度是生态环境治理体系中具有长期性和稳定性的部分，对生态文明建设的路径与方式具有决定性影响，这一上升具有里程碑意义。

为进一步落实《决定》，中共中央办公厅、国务院办公厅于2020年3月印发了《关于构建现代环境治理体系的指导意见》（以下简称《意见》），提出了"坚持党的领导、坚持多方共治、坚持市场导向、坚持依法治理"等原则，确定了主要目标：到2025年，建立健全环境治理的领导责任体系、企业责任体系、全民行动体系、监管体系、市场体系、信用体系、法律法规政策体系，落实各类主体责任，提高市场主体和公众参与的积极性，形成导向清晰、决策科学、执行有力、激励有效、多元参与、良性互动的环境治理体系。《意见》第五部分"健全环境治理监管体系"，提出完善监管体制，要求整合相关部门污染防治和生态环境保护执法职责、队伍，统一实行生态环境保护执法。全面完成省以下生态环境机构监测监察执法垂直管理制度改革，实施"双随机、一公开"环境监管模式。推动跨区域跨流域污染防治联防联控。明确提出要加强司法保障，建立生态环境保护综合行政执法机关、公安机关、检察机关、审判机关信息共享、案情通报、案件移送制度。

　　生态环境执法能力是生态环境监管能力现代化的重要内容。生态环境执法是生态环境保护部门依法行政的主要方式，是履行生态环境保护统一监管职能的重要基础。生态环境执法就是执法机关根据法律的授权，对单位和个人的各种影响或可能影响环境的行为和事件进行管理的活动。生态环境执法是贯彻落实国家生态环境法律法规、规划标准等最重要的监管手段和最关键的环节。执法队伍是生态环境监管的重要组成部分，是生态环境保护铁军的先锋队，是协同打好污染防治攻坚战和生态文明建设持久战的中坚力量。中共中央办公厅、国务院办公厅下发的《关于省以下环保机构监测监察执法垂直管理制度改革试点工作的指导意见》，明确提出加强市县环境执法工作，环境执法重心向市县下移，加强基层执法队伍建设，强化属地环境执法。依法赋予环境执法机构实施现场检查、行政处罚、行政强制的条件和手段。

　　综上，生态环境执法能力是生态环境监管能力与体系现代化的重要内容，是国家治理能力现代化的重要组成部分。分析生态环境执法能力内涵特征，首先要厘清治理体系与治理能力的关系。

　　国家治理体系是在党领导下管理国家的制度体系，包括经济、政治、文化、社会、生态文明和党的建设等各领域体制机制、法律法规安排，也就是一整套紧密相连、相互协调的国家制度；国家治理能力则是运用国家制度管理社会各方面事务的能力，包括改革发展稳定、内政外交国防、治党治国治军等各个方面。概括而言，治理体系是制度，治理能力是运用制度的能力。从内涵来看，国家治理体系和治理能力是一个国家制度和制度执行能力的集中体现。国家治理体系和治理能力是一个相辅相成的有机整体，有了好的国家治理体系才能真正提高治理能力，提高国家治理能力才能充分发挥国家治理体系的效能。作为治理体系核心内容的制度，其作用具有根本性、全局性、长远性，但是没有有效的治理能力，再好的制度和制度体系也难以发挥作用。

从国家治理体系与治理能力的相互影响、相互依存的辩证关系来看，生态环境执法能力现代化内涵包含两个方面：一方面是生态环境执法的相关制度（广义），应包含生态环境法律法规、规章制度、执法标准规范、效能评估、执法机构管理体制、联动机制等制度层面；另一方面是运用生态环境执法制度的能力，包括执法机构队伍、装备配备、执法人员能力、执法信息化、大数据智慧平台等方面。只有建立完善的执法制度以及具备高效运用制度的能力，才能达到生态环境执法能力现代化要求。"十四五"是推进生态环境执法体制改革关键时期，需要从以上两个维度推进执法能力现代化建设。

1.2.2 生态环境执法能力现代化特征

基于以上内涵分析，生态环境执法能力现代化具备以下特征：规范化、精细化、系统化、一体化、高效化、智能化。

1. 规范化、精细化

规范化是生态环境执法能力现代化的重要特征，也是现代化建设的重要内容。生态环境执法规范化是树立执法权威、维护公平正义、提升执法效能的前提条件。《关于深化生态环境保护综合行政执法改革的指导意见》提出要建立行为规范的综合行政执法体制，要求规范管理，加强对行政处罚、行政强制事项的源头治理，实行执法事项清单管理制度。生态环境部发布了《生态环境保护综合行政执法事项指导目录（2020年版）》，各地可根据法律法规立改废释和地方制定法规等情况，进行补充、细化和完善，进一步明确行政执法事项的责任主体。全面推行行政执法公示制度、执法全过程记录制度、重大执法决定法制审核制度等三项制度，严格落实执法案卷评查和评议考核制度。强化执法程序建设，针对行政检查、处罚、强制等执法行为，制定具体执法细则、裁量标准和操作流程。因此，生态环境执法现代化必须实现规范化执法。

执法类型多样、行业繁多、地域差异显著、对象复杂等多方面因素，造成生态环境执法工作非常复杂。因此科学化是生态环境执法现代化重要特征。科学化执法具体体现就是实现精准执法，严禁教条执法、野蛮执法，杜绝"一刀切"式执法，维护合法合规企业基本权益。生态环境执法工作要把好钢用在刀刃上，把精力用在精准上，反对执法工作搞"齐步走"，搞"撒大网"，搞千篇一律，搞"大水漫灌"。生态环境执法应根据行业特征、企业守法信用情况，实施正面清单管理。创新监管执法方式，采用科学技术手段，实施"差异化""点穴式"执法，完善差异化监管措施，科学实施分级分类监管，结合企业具体情况实施"定制式"差别执法。执法科学化要实现"五个精准"，即执法对象精准、执法时间精准、查找问题精准、执法依据精准、处罚措施精准。通过科学精准执法，大力提升执法效能、有效保护企业产权、维护公平正义。

2. 系统化、一体化

生态环境执法体现了区域上的综合性。《关于省以下环保机构监测监察执法垂直管理制度改革试点工作的指导意见》要求调整地方环境保护管理体制，加强市县环境执法工作，环境执法重心向市县下移，加强基层执法队伍建设，强化属地环境执法。市级生态环境部门统一管理、统一指挥本行政区域内县级环境执法力量。将环境执法机构列入政府行政执法部门序列，依法赋予环境执法机构实施现场检查、行政处罚、行政强制的条件和手段。这从原来设区市、县（区）生态环境部门各自执法，到县（区）环境执法大队一并上收到设区市，设区市生态环境局通过调整结构优化执法力量，为确保一线执法工作需要，可根据实际对市辖区内环境执法机构进行整合，组建跨区域、跨流域环境执法机构。执法垂直管理制度改革，从地域上实现了执法综合性。此外，生态环境执法从事权上实现综合性。随着国家机构大部制改革，环境保护部调整为生态环境部，环境部门由单一部门转变为综合部门，扩展了管理职能，增加了执法领域和事项。《关于深化生态环境保护综合行政执法改革的指导意见》提出，以建立权责统一、权威高效的依法行政体制为目标，以增强执法的统一性、权威性和有效性为重点，整合相关部门生态环境保护执法职能，统筹执法资源和执法力量，推动建立生态环境保护综合执法队伍。根据中央改革精神和现有法律法规，整合环境保护和国土、农业、水利、海洋等部门相关污染防治和生态保护执法职责。从执法体制及事权上，体现执法的综合性。

　　同时，还要构建环境系统内外部一体化执法机制。从环境执法系统内部，妥善处理贯彻中央精神与结合地方实际的关系。维护中央集中统一领导，与地方机构改革、放管服改革、省以下环保机构监测监察执法垂直管理制度改革有机衔接；妥善处理系统改革与聚焦重点的关系。突出多头多层重复执法问题，突出执法办案定位，剥离与执法不相关的职能，加大整合力度，精简执法队伍数量；妥善处理锐意改革与科学论证的关系。充分论证整合执法职责和队伍的必要性、合理性、可操作性，确保改革思路清晰、方向明确；完善制度保障。搭建解决重大生态环境问题的协调沟通平台，完善形式上的统一监管职能，制定发布生态环境保护责任清单，确保条块结合、各负其责、顺畅高效。同时，还需加强与外部系统的联动，执法是环境保护的重要环节之一，环境执法的最终目标是打击污染犯罪，治理环境污染，改善环境质量，为公众提供优美生活环境，满足人民日益增长的美好生活需要。环境执法需要加强与司法系统的联动、与社会公众的信息公开、积极互动，严控执法的每个环节，如接收信访举报、执法取证、将涉案事件移送公检法等，以顺畅各环节监管流程，提高监管效能。环境"两法"衔接机制是生态环境部门、公安机关与检察机关就案件移送相互合作，共同打击环境违法犯罪。公众参与到环境执法中，是实现公众环境权的标志，也是民主管理社会事务的体现。公众依法通过直接或者间接的参与方式来监督与协助环境行政执法，制约环境污染破坏者进而实现环境保护目的。公众有理性地维护环境权益的社会责任，需要制定符合具体社会经济、生活环境实际情况的公众参与环境执法规范，确定公众参与的方式和程序，将其制度化。同时需要公众有序地参与环境执法活动，在法律和制度的框架内，与企业进行协商或依靠政府职能部门协调沟通。

3. 高效化、智能化

　　生态环境执法最终目标是执法要有效果，要取得人民群众认可的成效，提高执法效能是执法体制改革的重要目标，也是生态环境执法能力现代化的必然要求。《关于深化生态环境保护综合行政执法改革的指导意见》提出了建立权威高效的依法行政体制、增强生态环境执法有效性。整合相关部门污染防治和生态保护职责、队伍，相对集中行政执法权，规范和精简执法事项，推动行政执法队伍综合设置，大幅减少执法队伍种类，按照属地管理、中心下移原则，减少执法层级，统筹配置行政处罚职能和执法资源，着力解决多头多层重复执法问题，提高监管执法效能。为提升生态环境执法效能，生态环境部出台《关于优化生态环境保护执法方式提高执法效能的指导意见》，提出探索可量化的履职评估办法，江苏省作为试点省份，开展生态环境执法考核效能考核评估研究，制定效能考核评估办法，促进高效执法。

随着5G等高科技的快速发展，智能化是生态环境执法能力发展的趋势。长期以来，生态环境执法一直存在着执法工作量大、执法技术手段落后与执法人员不足的问题，提升执法能力智能化水平是有效解决问题的关键手段。逐步提升非现场执法比例，大幅减少现场执法的频次和数量。综合采用空（无人机）、天（卫星遥感）、地（走航车、无人船）、网（在线监测网、视频监控网、AI、物联网、通信网）等技术手段，对执法对象实施不接触式的日常执法监管、执法检查、调查取证、远程督导、行政处罚等执法工作。

1.3 国内外环境执法发展经验借鉴

1.3.1 国外发展经验

西方发达国家工业化进程迅速，早期注重经济发展而忽视环境保护，产生了大量的环境问题，给国民经济的持续健康发展带来极大的负面效应，近几十年他们围绕如何提高环境执法能力、强化环境执法实效开展了大量的实践，并积累了丰富的管理经验，目前已基本具备比较完善的环境法体系。

美国环保局（EPA）是美国环境执法的主要行政机构，承担大部分环境法的执法职能。美国有环境法律法规120多部，建立起一套完整的环境保护法律体系。在执法机制构建上，强化环境保护机构的权力，建立强有力的集中环境保护管理、执法体制。虽然美国生态环境管理等职能分散在其他相关部门，但EPA在政府中依然获得了很重要的权力，执法协作是EPA环境管理的重要内容之一，保证环境保护的协调性和执法能力。在执法理念上，加强守法援助的服务职能，减轻执法压力，积极创新管理手段，利用经济激励引导守法，最大限度地消除污染防治与自然资源分属不同机构管理的制度缺陷。通过改革，更多强调自愿行动和守法，采取市场手段进行管理，制定并实施"发现、披露、纠正和防止环境违法激励政策"，保障公众环境诉讼权，为公众创造参与执法的渠道。在执法手段上，采用多种监督手段并用，为执法提供有力依据；综合运用各种执法手段，有力威慑、扼制违法行为；采取民事和刑事执法相结合，科学设定罚款数额，提高环境执法有效性。此外，环境信息公开制度是美国环境执法领域最为重视的一个方面，其中最具有代表性的是美国有毒物质排放清单系统（TRI），通过这一清单系统，普通民众可以查询任何有毒有害物质的排放时间和排放数量等详细信息，从而维护自己的合法权益。

日本的环境执法主体权责十分明确，拥有强有力的执法保障，能够对各种类型的环境问题进行有效保护（汤天滋，2006；交告尚史等，2014）。日本环境执法机构从上到下，由环境厅到厚生省和通产省，各部门之间不会因为利益而在执法时出现相互推诿的现象。日本环境立法机制上，一般是自下而上；立法原则上，坚持环境优先，删除了"与经济调和"的规定，确立了代际环境平等、最小环境负担、社会可持续发展、公平负担和相互合作等原则。日本环境法体系有基本环境法、污染防治法、自然保护法、环保费用和救济方面法律、国际环境条约配套法律、有关环境的行政立法和地方自治团体条例等。在环境法实施机制上，一是设置比较完善的环境管理组织体系，最高行政机构是环境省，其他政府机构也根据各自职能参与环境保护和公害防治工作；二是实行有效的行政指导，分为建设性指导、限制性指导和协调性指导3种类型，其中行政指导大多属于限制性指导，运行机制是地方自治团体以大纲形式，制定一般性的环境指导基准，要求域内企业一律遵守，或者通过一定强制力进行事前劝告、改正劝告等；三是发挥司法部门的作用，法院判决大部分有利于受害者；四是充分发挥公众的环境影响力，这是比较突出的有特色的优势。

德国设置独立的部门开展环境执法工作，在执法层面，强调事先预防原则，防止风险出现或者将其减小到最低程度；高度重视公众环境意识，动员社会各阶层全面参与环保活动，为此专门颁布了环境信息法；针对环境污染造成的环境损害和人体健康损害程度，出台了环境责任法。

总体来看，西方发达国家在环境执法方面主要有以下特点：一是具有完善的法律法规体系，并且严格执行法律；二是从执法理念上，坚持环境优先原则；三是强调企业自律，企业切实承担起污染治理的主体责任；四是社会各阶层、公众社团等第三方发挥了重要的作用。

1.3.2　国内发展经验

我国在环境执法领域的研究虽然历史短，但是发展迅速，相关研究的广度和深度都在不断拓展之中。

理论研究层面，蔡守秋最早对环境行政执法进行了详细论述，《环境行政执法和环境行政诉讼》（蔡守秋，1992）以我国环境行政执法和环境行政诉讼中存在的问题为切入点，指出我国环境行政执法面临的困境，并结合国外环境执法领域的实践经验和相关信息，较为系统地梳理了我国环境执法的基本理论和措施，构建了初步的环境执法体系，并对环境执法中的一些问题给出具体建议；《中国环境法治失灵的因素分析——析执政因素对我国环境法治的影响》（汪劲，2012）分析了环境立法、执法、司法中各自存在的问题，并指出这些问题与执政方式以及公权力运行体制和机制的安排密切相关。《环境法学概要》（吕忠梅，2016）立足我国当前环境法治的新局面新问题，指出环境执法的理论根据和现实价值，论述了环境执法的目标、理念和今后发展方向；《环境执法问题初探》（高清，2005）从环境法治、执法主体、环境保护观念、环境执法的设备和水平等方面展开论述，提出了改进意见，但只是针对个别突出问题，对整体体系的考量不足；《环境执法生态化：生态文明建设的执法机制创新》（李爱年等，2016）提到环境执法生态化的观点，指出在执法理念、执法机构、执法行为和执法手段等各个环节都要贯彻生态文明思想，遵循生态环保理性的指引。

实践层面，《论环境司法与执法协同保障的完善——以浙江省的实践为例》（钱水苗等，2013）结合考察浙江省的环境执法实践活动，提出了通过优化公安驻环保机关联络机构的配置，进一步完善环境执法机关内部执法机制，以促进公安机关、环境执法机关的协同工作，提出应授予环境执法部门一定的强制执行权，以及严格把控司法审查批准的标准来推动司法部门与环境执法部门之间的协同合作，使环境司法与执法协同工作顺利有据。《新〈环境保护法〉实施情况评估报告》（王灿发，2016）在对全国各地执法情况开展深入调查的基础上，全面客观地分析了《中华人民共和国环境保护法》在各地的落实状况，指出当前环境执法中存在的不足，探究问题背后的历史原因和区域性因素，为国家层面和地方政府层面制定具体实施细则、各项环境标准等提供了重要的参考。李文青围绕《中华人民共和国环境保护法》第二十五条，从实施条件、主体、文书、程序等方面分析了查封、扣押、强制措施的构成要件，并从多样化培训、正确理解要件等方面提出了建议。《环境执法纠纷风险的内部控制机制》（李凯伟，2015年）指出环境执法纠纷风险是客观存在的，如果处理不当会导致严重的官民冲突甚至群体性事件。建立环境执法纠纷风险内部防范机制，可以有效规范环境执法行为，维护执法机关的公信力，实现社会和谐。《我国环境行政执法中罚款制度的问题及其对策》（桂洋等，2015）认为我国现行环境行政罚款是环境领域普遍适用的处罚方式，但我国环境行政罚款数额低、行政裁量权大，造成威慑力不足的问题，并指出了提高环境行政罚款威慑力的途径。

总的来看，我国环境执法在三十多年的实践中，取得一定的成果，环境保护理念和制度日渐成熟，环境保护意识不断提高，环境管理体制不断改进，环境执法队伍建设不断完善，这些都对我国的环境执法有推动作用。但是，在经济快速发展过程中多是以环境破坏为代价的，环境问题日益严重，执法存在的问题也开始凸显。管理体制上缺乏协调机制、执法机关执法方式和手段单一、执法力度偏弱、执法监管缺乏、社会对环境执法的支持力度小等众多因素都使执法机关在环境执法中很难达到环境保护所预期的效果。

1.4　江苏省生态环境执法形势分析

2015年9月，江苏省政府办公厅印发《关于开展综合行政执法体制改革试点工作的指导意见》，明确南通等地在资源环境等领域开展综合行政执法体制改革。要求深化行政执法体制改革，整合组建生态环境保护综合执法队伍。2018年6月，江苏省委办公厅、省政府办公厅印发《关于深化综合行政执法体制改革的指导意见》，提出构建地方综合行政执法体系。2019年3月，江苏省人民政府与生态环境部签署《生态环境部江苏省人民政府共建生态环境治理体系和治理能力现代化试点省合作框架协议》，江苏成为全国唯一的试点省。2019年11月，江苏省政府与生态环境部在南京召开第一次部省共建联席会议，梳理总结试点工作，细化明确合作任务。2020年7月，江苏省委办公厅、江苏省政府办公厅印发《关于推进生态环境治理体系和治理能力现代化的实施意见》，对健全"七大体系"（领导责任体系、企业主体责任体系、全民行动体系、监管体系、市场体系、信用体系、法规政策体系）、提升"七种能力"（环境基础设施支撑能力、防范和化解环境风险能力、清洁能源保障能力、生态环境监测监控能力、生态环境科研能力、基层基础能力、服务高质量发展能力）进行系统设计，树立"走在前列"的目标要求，明确了生态环境治理现代化的"江苏路径"。

一是省级加强环境执法监督。结合省以下环保机构监测监察执法垂直管理制度改革和承担行政职能事业单位改革试点工作，江苏省撤销原作为事业单位设置的江苏省环境保护监察总队，将其行政职责划入省生态环境厅，将其事业编制按照一定比例置换为行政编制，设立省生态环境厅生态环境行政执法监督局，负责全省生态环境行政执法监督管理，指导全省环境执法机构和队伍建设，对跨设区市相关纠纷及重大案件进行调查处理，组织开展生态环境执法专项行动，负责省级生态环境行政处罚和行政强制工作。

二是市县推进生态环境一支队伍管执法。通过整合执法职能、统一执法队伍、下移执法重心、充实执法力量等方式，将原环保部门内部多支执法队伍、多个处室的执法职能整合为一支队伍。比如，南通市将市环境监察支队、市固体废物监督管理中心、市环境应急中心3支队伍进行整合，将市固体废物监督管理中心、市环境应急中心的行政职能划入局机关，将固废执法、应急调处、核与辐射执法等执法职能整合进市环境监察支队，在生态环境领域实现一支队伍管执法。如皋市将原先分散在市生态环境局环评科、污染防治科、总量减排科、环境监察大队等科室和单位的执法权限整合至环境监察大队，保留一支生态环境执法队伍。常州市生态环境局统筹县区和乡镇（街道）的执法管理工作，统一管理、统一指挥本行政区域内县级环境执法力量，结合省以下环保机构监测监察执法垂直管理制度改革，跨乡镇设置了31个区域环境保护所，并将市环境执法局人员下沉到县区，确保一线执法工作需要，切实解决基层"看得见、管不着"和执法力量分散、薄弱等问题。

三是探索区域环境综合执法。通过创新管理体制、赋予执法权限等方式，不断加强乡镇、开发区环境执法机构能力建设。比如，江阴市生态环境局在各乡镇派驻环境执法机构与人员，并将派驻机构与人员纳入乡镇综合执法，由乡镇政府负责日常考核管理。常熟市通过市政府赋权，将日常环境监管巡查和简易行政处罚事项赋予乡镇综合执法局，有效解决乡镇执法有责无权、与部门职责边界不清等问题。

1.5 江苏省生态环境执法问题分析

1.5.1 相关法律标准规范有待完善

1. 法律法规可操作性不足

研究对比江苏省环境法规与全国层面的环境法规，可发现当前江苏省的相关法规在很多层面仍然存在一定的不足，这种情况可能会导致一系列管理问题。截至2020年7月，江苏省现行有效的地方性法规有578部，其中，省级地方性法规244部，设区市地方性法规334部。生态环境地方立法方面，据不完全统计，共颁布省级人大立法32部（水事相关17部，大气相关2部，与其他生态环境问题相关13部），省政府规章6部（水事相关3部，大气相关2部，和其他环境问题相关1部）。可见，在立法数量方面较全国其他省份，已经走在前列，特别是在涉及水环境保护的领域，立法较为充分。但是，从整体来看还存在一定不足。江苏省环境法律法规对上位法重复的多，细化的少；笼统的多，可操作的少；全国性的多，地方特色性的少；部门利益考虑多，系统综合考虑少。同时还一定程度存在立法观念、制度、程序、技术等诸多方面的问题。

此外，国家层面生态环境法在内容系统性上还不完整，化学品监管、自然生态保护等部门、领域还未有正式法律，现有的规范效力相对较低，生态环境整体上还未能形成闭环；污染防治立法与环境资源使用和保护的立法之间仍然相互孤立，相互隔离，法律体系上的综合性与互补性仍然未能实现。这就给省级层面的环境执法工作带来了一定的困难，需要制定相关的规章、条例进行补充，为环境执法提供可靠的依据。

例如，环保法规中存在很多实际执法中操作难度很大的现象。例如《江苏省大气污染防治条例》中规定："违反本条例第十二条规定，有下列行为之一的，由生态环境行政主管部门责令停止排污或者限制生产、停产整治，并处十万元以上一百万元以下罚款；情节严重的，报经有批准权的人民政府批准，责令停业、关闭。"其中从十万元到一百万元存在很大的浮动空间，实际上赋予了较高的自由裁量权。这对于业务水平和政治素质较高的环境执法人员来说可能较为容易把握，但对于能力不是很强或者别有用心者则很难把握，甚至适得其反。

2. 执法标准规范亟须完善

一系列政策性文件对于执法过程的规范性提出了很高的要求。然而，截至目前，江苏省环境保护工作中并没有推行规范化的执法标准，只有部分地级市有自己的政策性文件。在执法过程中有很多文书需要上传下达，比如现场检查结果记录、违法行为认定、稽查结果报告等，可能会导致检查过程中填写记录不规范，存在遗漏或者错误。

这种情况对执法产生一系列负面影响。首先，影响了工作效率，令不少执法文件成了无效的文书，从而造成了监管资源的浪费。其次，对各级部门均造成管理困难。从上级部门来看，由于缺少统一的工作规范和记录标准，即使在稽查中发现执法记录存在问题，也很难予以纠正；从基层执法工作来看，工作人员某些时候并不知道需要怎样记录，每个人的判断也存在差异，就导致记录标准不统一。最后，执法记录不规范或者不完善的问题也间接导致不同部门、不同人员之间信息沟通不通畅。即使是对同一家企业污染情况的再次检查，要了解掌握之前的执法情况，也需要调阅大量的纸质资料，时间成本太高。信息不畅会导致重复检查或者出现漏检查的现象，不利于工作效率的提升。

1.5.2 执法联动响应机制有待健全

1. 组织机构不够协调

在现有环境执法体制上，环境保护行政主管部门对其所属机构进行统一分工，环境执法工作由于体制不完善、分工不合理，存在着管理权限划分不清，执法资源分布不合理，进而影响执法效果的现状。例如，环境执法部门除了承担对排污现场的执法职能以外，还承担环境信访的接访、调节、处理和环境风险防控工作。信访处理通常对查处的时效要求较高，当工作量大的时候，工作人员根本无法及时进行处理，容易导致效率下降，使公众产生不满。纵向分工上，由于国家、省、市、县四级环境执法机构有各自不同的年度工作计划和侧重点，层级间环境执法工作存在重复检查现象。职责权限不明晰直接导致环境执法工作内容缺乏整体的协调性，执法资源分布不均，而且在遇到具体问题时，容易出现各监督部门各自为政，执法难以形成合力，甚至出现执法部门之间相互推诿、扯皮等现象，影响了环境执法的效果。

2. 移送联动机制不够健全

日常执法中，相关部门没有形成有效的联动合力和威慑力。因此，配套的处理处罚措施很难到位，执法威慑作用不足，如对环境违法企业该断电的不断电、该停水的不停水、该吊销执照的不吊销、该停止信贷的没有停止信贷；对涉嫌违法的管理人员或个人，由于公安、司法部门未及时介入，不能很快立案查处，往往造成部分不法分子未被尽快追究责任。另外一种情况是，由于环境执法机构和人员没有开展监测的资质，在现场执法检查采集样品时必须由监测人员陪同，所采样品必须送至有相应监测资质的机构进行化验，但环境监测机构由于自身任务繁重，往往不能派出监测人员进行现场采样，有时甚至无法保证执法样品及时监测并出具报告，直接影响了执法机构和人员对一些环境违法企业查处的时效性，一些违法证据不及时监测就无法获取，而监测人员到场后，违法行为可能已经结束，证据已经灭失，难以追究。

1.5.3 执法手段和能力有待提升

1. 执法支撑保障不足

环境执法需要大量的资金投入。当前在环境执法方面投入的专项资金相对较少，所需装备较为滞后，再加上专业人才缺乏，严重制约着环境执法工作的正常开展。基层环境执法人员缺少执法所需的车辆、现场快速检测仪器、应急防护装备等，这些因素导致环境执法工作相对滞后，不能满足现场执法及应对环境突发事件的需求。

2. 执法队伍水平有待提升

目前，江苏省环境执法工作人员的业务水平能力存在不足。一方面，一些地方执法人员准入把关不严、标准不高，致使部分基础薄弱的人员进入环境执法岗位；另一方面，对现有人员持续教育不够，相关环保知识更新较慢，在执法时缺乏足够的实践经验和专业知识，这就导致偷排、数据造假等隐蔽性环境问题不能被及时发现。此外，还存在人员数量不足，基层执法压力大问题。这个问题除了勤政不够，部分执法人员依法履职意识薄弱，责任意识不强，不能依法履职外，还与执法队伍本身人数不足、面临形势复杂有关。当前从事环境执法的人数与繁重的执法任务严重不协调，全省执法人员人均需监管工业源 110 余家，分别是浙江省的 1.4 倍、山东省的 2 倍，监管压力较大。执法队伍存在部分混编混岗，2020 年，因借调、挂职等原因在编不在岗人员达到 977 人。为弥补执法人员数量不足，从外单位借用 1 389 人，借用、编外人员无执法证，发挥作用有限。

2 生态环境执法规范化、精准化建设

2.1 现代化生态环境治理体系研究

2.1.1 生态环境治理体系的内涵与发展

1. 治理的内涵

1995 年，全球治理委员会给出了"治理"的经典定义：治理是各种公共或私人机构和个人管理其共同事务的诸多方式的总和，它是使相互冲突的或不同的利益得以调和并且采取联合行动的持续的过程。这既包括有权迫使人们服从的正式制度和规则，也包括各种人们同意或认为符合其利益的非正式的制度安排。

治理除了国家治理、市场治理，还包括社会治理，指当代治理理念和思维模式在社会各领域的应用。依靠政府、市场、社会力量，通过协商、协作、互动等方式，提升公共服务质量，解决社会问题，既有"治理"的本质特征，也有参与性、协商性、责任性、透明性、回应性、有效性、公正性、包容性和法治精神等内涵。

2. 环境治理的内涵

环境治理属于治理理念向环境领域的延伸，一定的环境治理行为要受到经济发展与环境保护的冲突、合作与竞争关系以及公平法治等一系列理念的制约。环境治理定义为政府、市场与社会等主体采取正式或者非正式手段保护自然资源、减少环境污染以及化解环境纠纷。

与传统环境治理相比，当代环境治理具备了诸多崭新的特征，具体表现在以下几个方面：一是合作共赢的治理理念。在公共事务治理体系下，当代环境治理尤其强调参与环境策略博弈的各个利益相关者形成"正和博弈"局面，而非形成"零和博弈"，由此建立多方共赢的合作关系。二是注重发挥公共政策的作用。这既要完善针对环境监测、治理等环节的公共政策，使其相关环境行为有章可循，同时也要完善环境政策系统尤其是民主决策体系，以保证环境决策的科学性。三是环境治理手段的多样性。传统环境治理侧重以管制为主，当代治理手段则更加注重对经济、教育、合作、协调等手段的运用。四是强调预防与源头控制。我们知道，在环境治理领域，同"与问题作斗争"相比，注重预防环境问题出现往往更加有效。

3. 生态环境治理体系

总的来看，现代生态环境治理体系是政府、市场和社会在法律规范和文化习俗基础上，依据环境系统的基本规律，运用行政、经济和社会管理的多元手段，协同保护环境的体制、制度体系及其互动合作过程，既强调体制、制度和机制建设，也强调治理能力、过程和效果，既重视普适的生态环境价值观，也重视特定的历史文化条件。

与传统的以政府行政管制为主的环境管理体系相比，一个运转良好的现代环境治理体系应当具有以下基本内涵与特征。第一，治理主体上，形成政府、企业、社会共担责任、共同参与的格局；第二，治理手段上，以法治为基础，采取多元手段，形成一整套相互协调、相互配合的政策工具；第三，治理机制上，基于协商民主，实现多方互动，从对抗走向合作，从管制走向协调。

4. 中国生态环境治理体系变迁过程

生态环境治理体系是生态环境保护管理体制、管理制度和管理政策的综合。对我国生态环境治理体系构建的过程可以划分为三个阶段：一是以政府为主体的一元环境治理体系。政府是环境治理的唯一主体，主要通过行政命令、法律法规以及相关的政策进行环境治理。二是政府与市场相结合的二元环境治理体系。主要是采取必要的行政手段以及开始尝试运用市场经济手段治理环境。三是政府、市场以及社会共治的多元环境治理体系。在某种程度上讲，这个阶段是在前两个阶段基础上环境治理理念的一种升华，借助于多方力量共同承担责任，倡导依靠全社会的共同行动解决环境治理危机。从单纯强调政府的规制作用到重视行政手段与市场经济手段的结合，再到动员全社会共同行动的多中心治理，反映了人类在环境治理认知上不断完善的过程。变迁过程如图 2.1.1 所示。

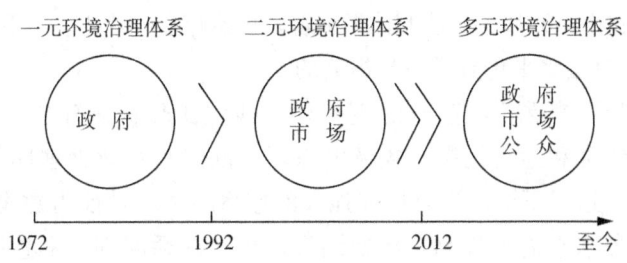

图 2.1.1　中国生态环境治理体系变迁过程

2.1.2　江苏省生态环境治理体系建设亟须破解的关键难题

1. 现代化治理需求与基础能力不足之间的矛盾依然突出

虽然江苏的环境基础设施建设取得长足进步，但由于治理需求较大，历史欠账较多，污染防治能力仍捉襟见肘。一是污染物收集能力不足。城市生活污水集中收集率偏低、雨污分流不到位、截污纳管不彻底等问题比较突出。二是污染物处置能力不足。生活垃圾焚烧飞灰、化工废盐等危废缺乏经济且可靠的处置技术，贮存量较大。三是清洁能源供应能力不足。省级及以上工业园区煤炭消费比重与天然气消费比重不相适应，减煤、锅炉整治任务的落实仍需要一段时间。四是环境执法监管能力不足。环境监管任务面广量大，但目前一些地区监管能力仍显不足，监管手段相对滞后，特别是专业人才相对匮乏，信息化监管还有漏洞和盲区，网格化监管要求落实还不够到位。此外，乡镇环保机构不健全，基层执法力量亟待加强。

2. 生态环境治理体制改革面临诸多落地障碍

一是"放管服"改革成果与高质量发展要求仍有一定差距。一些地方和部门推动改革的主动性不强、办法不多、措施不实、氛围不浓，思想认识不到位、简政放权不彻底、放管结合不到位、优化服务不足的情况较为普遍，"重事前审批、轻事中事后监管"，"重下放、轻监管"，办事过程中拖、等、压、靠等问题还不同程度存在。二是监察监测执法垂直管理改革面临潜在压力。市县两级环保部门的环境监察职能上收到省之后，县级生态环境部门不再是县政府的组成部门，环保规划、总量控制、环境测评等工作具体落实到县级政府，却没有相关的机构承接，使得县级政府在生态环保问题上失去抓手。此外，改革在一定程度上还会造成基层生态环境机构的监督动力弱化，加剧基层环境监管执法力量不足等问题。三是生态环境法制建设系统化程度不高。尽管江苏制定的生态环境保护类法规较多，门类也较广,但从构建生态环境保护法制体系来看,仍然存在碎片化、不系统的问题。

3. 环境执法水平仍有进一步提高的空间

从制度层面来看,江苏省的生态环境执法工作尚未建立一整套规范、系统的管理制度和运行机制。各级生态环境部门与行业管理部门衔接机制不健全、职责边界不清,没有形成强大的监管合力。从能力建设层面来看,执法人员业务水平需要提高,比如调查取证、谈话问询、案卷制作等方面还存在不规范现象;非现场监管方式存在程序不规范、工作流程不顺畅等问题;现代化执法装备水平不高,探索运用大数据、无人机、卫星遥感等高科技手段发现问题的程度不够。从环境执法方式层面来看,目前,江苏环境执法的信息公开、污染综合平台等系统的数据填报主要依靠人工,环境执法的信息化程度不高,增加了基层环保工作人员的工作量。而行政处罚系统尚未建立、污染源"一企一档"信息难以满足执法工作等技术难题问题,很多工作都停留在纸质层面,迫切需要加快环境执法的信息化建设进度,实现执法信息的实时共享、精准分析。

4. 全社会共管共治生态环境保护的良好格局尚未形成

党的十九大报告明确指出,着力解决突出环境问题,要坚持全民共治。解决生态环境问题,或者说生态环境治理是一个综合性系统工程,必须构建政府、企业、社会组织和公众共同参与的治理体系,仅仅依靠政府或是企业难以实现治理目标,依靠全社会共同努力才是最优路径。而当前,我省推进生态环境保护的基础仍然较为薄弱,部分企业决策者环保意识仍较为淡薄,认为环保治理投资增加企业生产成本,削弱发展竞争力,不能较好地主动承担环保责任。公众的环保意识近年虽然已有明显提高,且对高质量的环境需求更加强烈,但自觉履行环保责任,在消费、出行、生活等方面践行绿色化尚未真正成为人们的行为规范和准则。

2.1.3 江苏省生态环境治理体系总体框架构建

1. 生态环境治理体系框架构建的思路

生态环境治理体系包括治理主体、治理机制和监督考核三方面,是一个有机、协调和弹性的综合运行系统,其核心就是健全的制度体系和运行机制,包括治理体制、机制、技术等因素所构成的有机统一体。因此,构建江苏省生态环境治理体系,要基于生态治理体系内涵,立足江苏省生态环境治理突出矛盾和问题,充分借鉴国内外先进经验,通过创新环境治理理念和方式，建立一套导向清晰、决策科学、执行有力、激励有效、多元参与、良性互动的生态环境治理体系，形成权责一致、层次清晰、协调有力、科学高效的生态环境保护机制。

2. 江苏省生态环境治理体系总体框架设计

江苏省生态环境治理体系总体框架包括领导责任体系、企业主体责任体系、全民行动体系、执法监管体系、维护市场体系、环保信用体系、法规政策体系等七大体系。其中，领导责任体系、企业主体责任体系、全民行动体系是生态环境治理的主体；法规政策体系是生态环境治理的主要依据；执法监管体系、维护市场体系、环保信用体系是生态环境治理的重要手段。生态环境治理能力是生态环境治理体系建设的重要支撑，主要包括环境基础设施支撑能力、防范和化解环境风险能力、清洁能源保障能力、生态环境监测监控能力、生态环境科研能力、基层基础能力以及服务高质量发展能力。总体框架设计如图2.1.2所示。

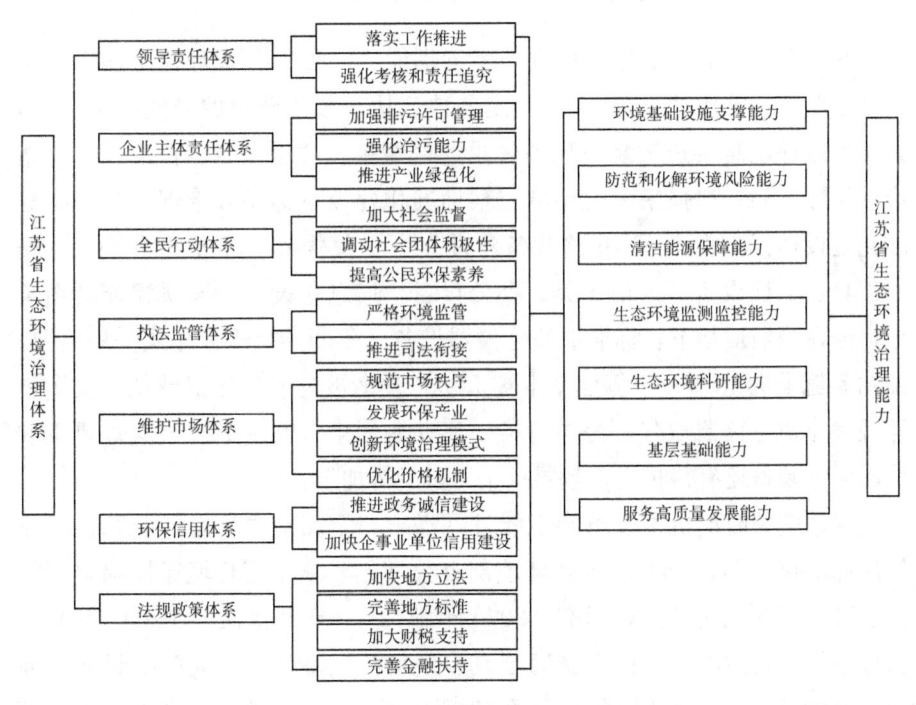

图2.1.2 江苏省生态环境治理体系总体框架设计图

2.2 江苏省环境综合执法装备配备情况研究

执法装备是生态环境综合执法的硬件基础，是执法能力现代化的组成部分和重要表征。"工欲善其事，必先利其器"，执法装备水平在很大程度上影响着执法效能，决定了执法的规范性和精准性。按照职权法定、属地管理、重心下移的原则，对新时期江苏省环境综合执法装备管理情况的发展现状及建设过程中的不足进行深入的分析，从而对全省执法装备管理的发展有针对性地提出对策及建议，加强全省环境执法装备标准化建设，推动环境监管能力的提升，是生态环境执法"十四五"发展建设的重点工作之一，也是推动江苏省环境治理体系和治理能力现代化建设的基础任务之一。

2.2.1 我国环境执法装备标准发展概况

为规范环境监管队伍，提升环境管理能力，2011年原环保部印发《全国环境监察标准化建设标准》，规定各地区执法装备建设的最低配备标准，并对各级环境监察执法装备配备做出明确规范，要求各省、自治区、直辖市环保厅（局）加强辖区内环境监察标准化建设达标验收管理，并组织标准化建设达标验收。标准中将装备建设分为5大类42项。类型分别为：交通工具、取证设备、通信工具、办公设备、信息化设备。该项标准沿用至今，但在当前形势下，标准中部分仪器设备已不能满足现代化执法的需要，如勤务随录机、DVD机等已基本被淘汰，逐渐被现场执法记录仪、投影仪等现代化执法仪器取代，海洋污染、移动源污染、电磁辐射等监管要素的执法取证装备还有待扩充，基层执法力量亟待加强。

为适应新时期机构改革和职能发展需要，全面推进生态环境综合行政执法标准化建设，2020年生态环境部办公厅印发《生态环境保护综合行政执法装备标准化建设指导标准（2020年版）》（环办执法〔2020〕35号）。新标准结合实际需求，提出交通工具、现场执法辅助、个人防护设备、通信与办公设备、信息化设备5大类57项仪器设备，分为标配和选配两个部分。与原标准相比，新标准淘汰了一批不适应当前执法需求的设备，如勤务随录机、DVD机、冰心钻、排污收费管理系统等，加入了一批市场新型执法工具，如快检试剂包、热成像仪、红外摄像机、便携式水污染监测设备等，重点加强了有机污染物、油气回收改造工程的检测，增设光离子化检测仪、油气回收检测仪，并将配置比例向基层倾斜，这与新时期机构垂直改革和综合行政执法改革的迫切需求相吻合，也为地方各级生态环境部门制定地区执法装备建设标准，合理、科学增补选配装备提供了重要参考。

2.2.2 江苏省环境综合执法机构及装备概况

为掌握当前江苏各地区环境执法装备配备现状，明晰当前全省执法装备建设存在的问题与优化路径，2020年11月，在生态环境部环境工程评估中心的协助下，对江苏省全省、市、县环境执法机构开展执法装备配备问卷调查，调查内容不仅包括仪器装备情况，也涵盖了各级执法机构基本情况、职责划分等。调查以电子问卷形式向106个环境执法机构发放，共回收86份，回收有效率81%。

1. 执法机构基本概况

机构改革后，江苏省设置执法监督局作为省生态环境厅内设机构，主要负责监督环境保护规划、政策、法规、标准的执行，协调解决跨区域环境污染纠纷，组织开展全省环境执法机构标准化建设等业务指导型工作。市县级执法机构以参公事业编制为主，负责辖区内大气、固废、土壤、水等日常执法监管，机构经费主要来源于全额拨款。部分市县机构"三定方案"还未发布，正在改革中。

2. 执法装备概况

调查将执法装备分为交通工具、取证设备、执法设备、通信与办公设备、信息化设备5类，下文从分类来看目前各地环境执法机构的执法装备配备情况。

交通工具：由于机构改革，省级执法单位不行使具体执法事项，因此执法车辆主要向市县两级倾斜。江苏省生态环境专用执法车辆分布如图2.2.1所示，市、县（区）级执法机构专用执法车辆配置情况如图2.2.2所示。

13个市级机构中，常州执法专用车辆最多，无锡、宿迁、淮安、徐州4个市级机构没有专用执法车辆配置。县级机构中，无锡基层执法车辆数量最多，平均每机构7~8辆，宿迁每机构平均只有2辆左右。与上海、山东市县级执法机构相比，江苏市县级执法机构平均执法专用车辆3~4辆，较

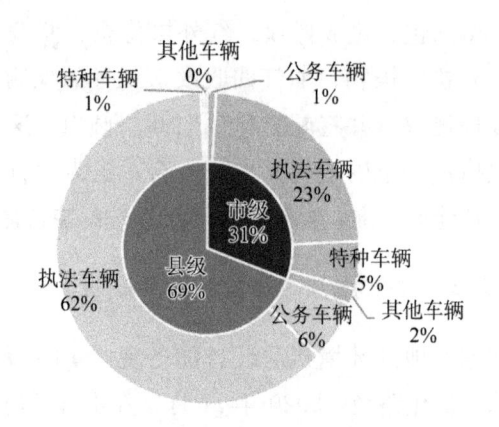

图 2.2.1　江苏省生态环境专用执法车辆分布情况

高于山东平均水平，与上海平均水平基本持平。

取证设备：取证设备是环境执法装备的重中之重，直接影响到执法检查效率和质量。分级来看，省执法局目前配备了 5 部数码相机和 1 部录音机作为后备储备。市县级机构主要以移动执法记录仪、便携式 GPS 定位仪、数码相机、录音设备、测距仪、无人机、摄像机等仪器为主。常用的移动执法记录仪，市级机构在配置上做到了充分保障，每机构平均 1 部左右。同级机构相比，苏州、常州、南京的机构配置种类和数量相对较多。县级机构配备相对较为薄弱，移动执法记录仪人均不到 1 部。

执法设备：机构改革后，执法监管范围进一步扩展至水、气、土、声、辐射等要素。目前，现场执法仪器主要集中在市县执法机构。其中，快检试剂包、水质快速测定仪、酸度计的机构平均配备数量均高于上海、山东等地区。基层单位对于电磁辐射类、移动源检测类设备配置敏感度较低。连云港、苏州等部分市级执法机构配置了在用车尾气检测仪、便携式伽马（γ）能谱分析仪、工频电磁场强度测量仪等，而县级单位目前还未有任何部门配置相关仪器。

通信与办公设备：通信与办公设备是环境执法的后勤保障。总体来看，江苏环境综合执法机构办公通信设备的配置与上海等多数华东地区配置情况相当，县级机构常用设备如固定电话、传真机、台式电脑、笔记本配套基本达到相应标准建设要求，省市县三级在办公配备上呈现出省级＞市级＞县级的"倒金字塔"模式。相对来说，无线网卡、卫星电话的配置率相对较低，无线网卡与笔记本电脑的配置比率约 0.6∶1，略低于上海。

信息化设备：信息化设备是体现现代化执法能力的重要部分。江苏省高度重视执法信息化对执法能力和环境治理现代化建设的重要作用，并较早开展了生态执法监管数据化、标准化新模式的探索。2013 年江苏省重点污染源自动监控系统上线，对国控 840 家重点污染源企业进行在线监督。为进一步规范企业自行监测及信息公开，督促企业自觉履行法定义务和社会责任，2017 年建立江苏省排污单位自行监测信息发布平台，面向公众发布企业污染物自行监测各项指标信息。目前全省已纳入近 7 万家排污企业；2018 年江苏省建立了省市县三级环境移动执法系统体系，实现了环境移动执法系统全覆盖、全联网、全使用。2019 年系统再次升级，将市县平台纳入省级平台，实现三级统一部署，统一执法流程、文书和用语，进一步规范了现场执法行为，在全省统筹、全面覆盖、信息整合、以用促建等方面成效显著，为全国环境执法标准化作出了良好示范。

2.2.3　当前执法装备存在的问题

1. 与国家标准差距大，装备水平亟待提升

执法车辆配备严重不足是当前江苏省环境执法存在的主要问题。根据《党政机关公务用车管理办法》，执法专用车属公务用车，需由地方机关事务管理局统一编制，统一配备管理，并按要求严格控制配备范围、编制和标准。大多数执法机构尤其是省级执法机构已取消执法车辆的配置，地方执法机构基本无内置车辆，所有车辆由政府平台统一管理调配。但在实际执法工作中，多存在平台审批流程繁杂，有些地区需要至少提前一天申请，这对环境执法工作尤其夜间应急执法造成严重时效障碍。不仅如此，还出现了公车平台用车紧张甚至部分地区无车可派的问题。对标最新国家标准，地市、县级执法机构应达到 5 人一辆专用执法车辆的基本保障，但从目前来看，除常州外，其他地区整体均未达标，多地平均配置比例甚至达到 10 人一辆。市级执法机构中还有无锡、宿迁、淮安、徐州 4 个市级执法机构没有专用执法车辆配额，执法工作多靠私家车或第三方平台，大大影响执法的权威性和专业性。江苏市、县（区）级执法机构专用执法车辆配置情况如图 2.2.2 所示。

个人装备配置得不到充分保障。调查结果显示，除南京外，其他地区移动执法记录仪、移动执法终端等现场执法必备仪器人均不足1套（台），一旦开展强化执法或专项执法行动，将严重影响案件查处效率，也不利于推动行政执法公示制度、执法全过程记录制度的建设。此外，个人防护装备配备不充足，少数市级机构没有基本防护设备保障，如强光手电、防护服、安全帽等。有防护设备的大多设备类型单一，尤其有毒有害物质防护服、辐射防护设备、护目镜、防护鞋等配置率不高，执法人员人身安全保障亟待加强。各地区个人移动执法设备配置情况如图2.2.3所示。

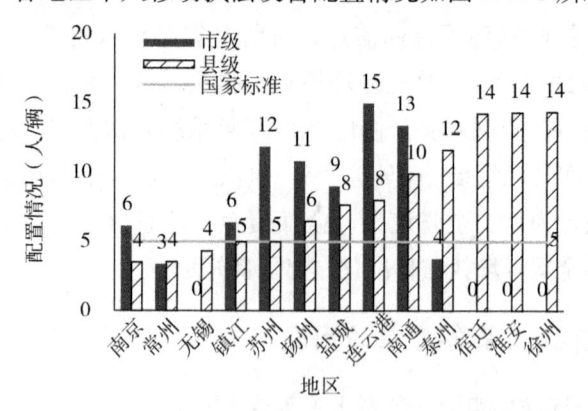

图 2.2.2　江苏市、县（区）级执法机构专用执法车辆配置情况

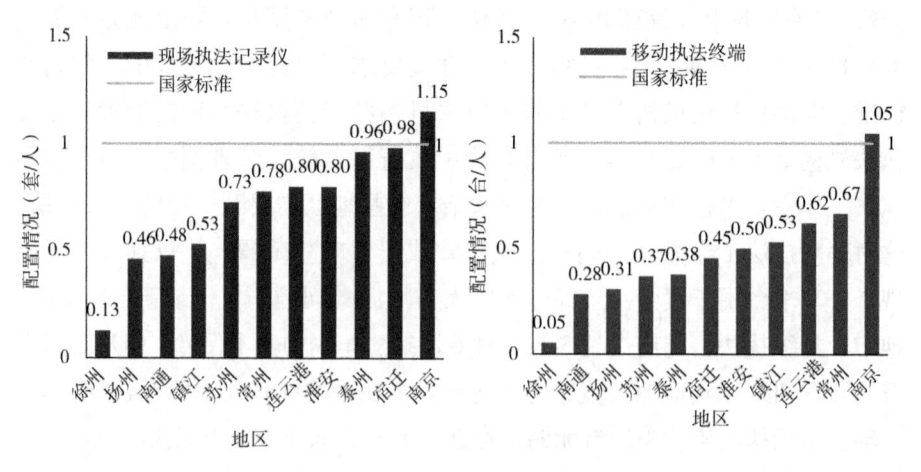

图 2.2.3　各地区个人移动执法设备配置情况

新型取证手段应用不足。突击执法或应急执法等任务中，需要第一时间到达现场，大型高端的执法仪器不便于携带和操作，而多功能、便携性

仪器优势更加显著。但在现阶段，便携式执法仪器设备出具结果作为处罚依据有严格的要求，仪器监测数据只能作为发现环境污染的线索，尚不能作为处罚依据，且部分设备专业性强，操作烦琐，大大降低了地方执法人员使用的积极性。如快检试剂包、粉尘快速测定仪等便捷性取证仪器配置使用率较低，目前只有常州、连云港、淮安市级机构配置数量达到国家标准要求。多参数气体检测仪配置率更低，主要集中在南京、苏州、扬州等部分地区执法部门，全省只有南京市执法局配备7台，达到国家标准。此外，利用现代化设备解决执法问题能力不足，如热成像仪、红外摄像机等的应用可高效协助夜间执法，无人机、卫星遥感等技术手段可协助区域巡查，有利于精准执法，但目前各地区执法机构总体配置使用率较低。部分现场执法辅助设备配备情况如图2.2.4所示。

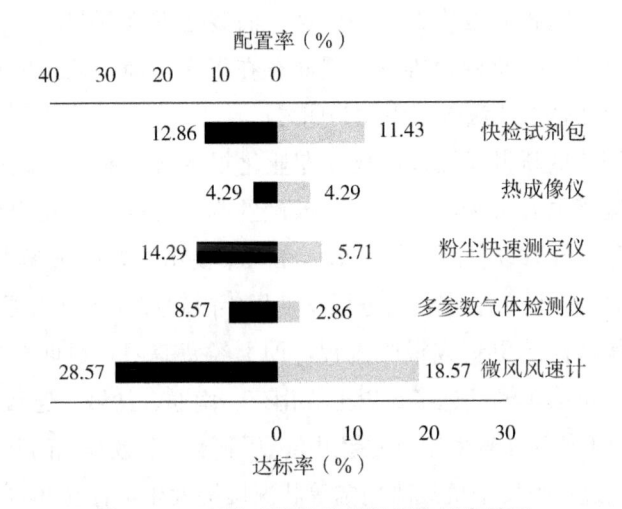

图 2.2.4　部分现场执法辅助设备配备情况

2. 执法装备管理意识薄弱，管理制度不健全

受内外部环境影响以及自身意识理念的缺失，目前江苏省环境综合执法机构缺少执法系统内部的执法装备管理制度。我省现行的环境执法装备管理制度只有原环保厅印发的《江苏省环境监管移动执法系统建设与使用管理办法》，该办法只针对移动执法系统的建设标准及使用方法做出简单的要求与规范，对其他执法装备的管理均无明确制度规范。同时，对于执法装备的采购、使用保养及报废缺乏全流程管理制度，在一定程度上导致执法装备管理混乱，影响执法装备的使用效果。

在前期的装备采购中，由于没有明确的采购制度，缺乏专业的适用性评估和意见参考，大多依照以往惯例制订采购计划，往往导致装备配置与执法需求不相适应，某些耐用型执法装备或使用频率较少的执法装备囤积或大量浪费，而易耗型或需求量大的执法装备还存在短缺的情况。同时，在装备选用时缺少专业、统一的甄选手段，导致各地执法装备形式多样，质量参差不齐，对一些新型的高端执法装备敏感度较低，无法有效提升执法装备整体水平。

在中期的使用维护方面，缺少严格的保养维修制度，装备"只购不管"以及"只用不养"，养护能力较弱。装备使用部门不注重日常的装备保养工作，日常执法任务结束后，缺少清洁调试、性能检测等维护工作，依赖于装备出现不可逆问题时维修部门的整修。而装备维修部门只在装备出现重大故障时才重视，甚至延误维修。因此存在很多故障、老旧的执法装备堆积，这一现象在基层执法部门中尤为明显。

对于后期的更新报废处置，缺少专业化报废管理制度，缺少对不同执法装备的报废年限和报废状态统一、准确的判定标准，以及规范化的执法装备报废流程，导致设备问题频发却仍在频繁使用。如执法车辆，《党政机关公务用车管理办法》规定，公务用车使用年限超过8年可以更新。但由于没有具备可操作性的更新或报废流程，加上经费有限，目前全省范围内使用超过8年的执法车辆已达半数以上。南京、南通、盐城、连云港等地区市级机构一半以上执法车辆使用行程超过20万千米。多数车辆的基础性能已经老化，在执法过程中发动机故障抛锚等状况屡屡发生，存在非常大的安全隐患，严重影响执法能动性。江苏省专用执法车辆使用情况如图2.2.5所示。

图 2.2.5 江苏省专用执法车辆使用情况

3. 基层执法任务重，日常管理压力大

调查分析发现，基层执法力量薄弱是当前各地区生态环境执法普遍存在的问题。

基层执法队伍普遍存在任务重、人手不足、专业水平不高等问题。基层执法机构的职责较为综合广泛，除危废管理、固废管理、环境应急等主要工作职责外，部分基层执法机构还纳入了安全监管、督察整治、森林火灾防护等职责。各基层主要职责范围如图2.2.6所示。

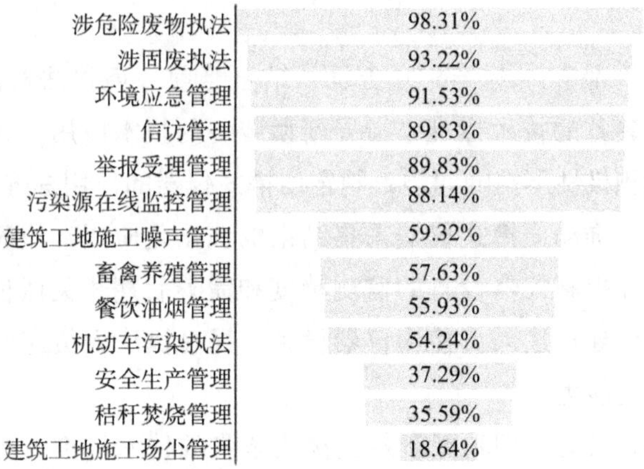

职责	比例
涉危险废物执法	98.31%
涉固废执法	93.22%
环境应急管理	91.53%
信访管理	89.83%
举报受理管理	89.83%
污染源在线监控管理	88.14%
建筑工地施工噪声管理	59.32%
畜禽养殖管理	57.63%
餐饮油烟管理	55.93%
机动车污染执法	54.24%
安全生产管理	37.29%
秸秆焚烧管理	35.59%
建筑工地施工扬尘管理	18.64%

图2.2.6 基层主要职责范围

基层人员平均编制少，环境执法人员水平参差不齐，军转人员和低学历人员较多，环境、法律等专业性人才缺乏。加之基层装备种类单一、数量少，基层缺口大，装备保障不足等多重问题，往往导致基层执法面临巨大压力。

2.2.4 对策与建议

加强环境综合执法装备现代化建设，主要从技术和管理两方面着手，完善执法装备的技术标准和管理规范，逐步建立集产品技术、装备配备、装备使用于一体的环境综合执法装备标准化管理体系。环境综合执法装备标准体系框架如图2.2.7所示。

1. 加强执法装备技术应用标准更新与推广

依托江苏省环境管理标准化技术委员会的标准化管理工作，进一步完

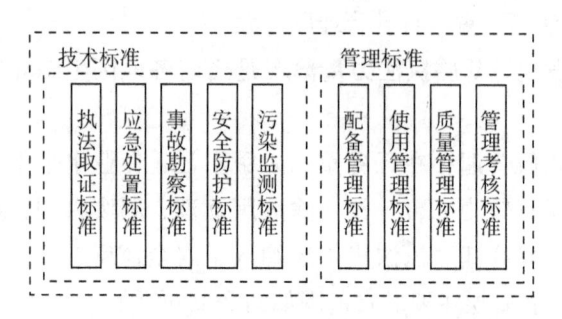

图 2.2.7　环境综合执法装备标准体系框架图

善执法装备的产品技术标准。一方面，结合当前环境执法实际业务需求，制定新型执法装备的技术标准，指导新型装备的技术应用。如针对新型便携式仪器使用积极性不高的问题，制定便携式仪器的使用标准和取证要求，规范取证流程，推动便携式仪器采集结果的证据化应用；积极引导科研单位、公司、企业提高仪器设备的监测精度和完善后期相关认证；加强执法人员的培训，引导执法人员使用仪器设备，提高执法人员应用便携式执法仪器设备取证的能力。

另一方面，及时梳理和更新各类执法装备的技术标准和更新状态，加大新技术、新装备的宣贯力度，以更好地指导装备的技术应用。强化市场新型执法手段引导，用符合司法鉴定要求的新型监测仪器取证的"细"结果代替"感官"执法的"粗"结果，鼓励灵活运用夜视仪、红外摄像机、热成像仪等先进设备克服执法取证客观环境条件难题，保障执法工作顺利展开，增加"大数据＋""卫星遥感＋"等新型执法模式案例曝光度，充分发挥舆论宣传引导作用。

2. 构建执法装备制度化管理体系

一是统一制定地方执法装备配备规范。充分调研各地区各层级日常执法工作量与主体需求，以国家最新标准为基础，进一步精细化提出装备的配备类型、数量、安装方式等技术要求，指导各类装备的规范、统一配备。如针对执法车辆保障不力的问题，通过建立全省执法车辆精细化配备标准，包括执法车辆性能、配件、配置比例等，充分保障执法执勤工作尤其一线执法任务需求。在人口密集、污染源监管任务较多的地区可鼓励配置执法专用电瓶车、电动车等轻便型交通工具，以便于执法人员能第一时间到达现场取证，提高执法效率。

二是建立执法装备全生命周期管理制度。严格规定执法装备的计划采购流程、日常养护规程、更新报废流程，规范执法装备，健全装备使用管理规范，建立基于装备管理的信息化管理系统，对装备启用、使用、更新建立全生命周期的跟踪管理，实时监控装备的工作状态，及时发现、维护和消除装备的异常工作状态，保障执法工作效果。

三是建立执法装备质量管理制度。梳理各类执法装备分类信息，建立基于装备类型、生产企业信息、产品形态、产品质量信息等装备信息的数据库。各地在装备选用时，加强对产品标准符合性的验证，比对装备与检测报告样品信息的一致性，在批量装备交付阶段，加强批量产品的验收把关，确保执法装备的质量。

四是建立执法装备管理评价考核制度。建立合理的执法装备管理评价体系，设立有效的激励机制，从制度上激发执法装备管理人员甚至是全体执法人员的工作积极性。考核主要包括执法装备管理部门对执法装备的管理是否合理有效，执法装备使用部门对装备的使用是否得当并且是否进行日常清洁保养工作，执法装备等内容。

3. 加大投入力度，夯实基层执法力量

一是优化基层执法队伍。深化公务员分类管理改革，完善基层编制安排，尽快逐步扩大基层管理执法部门的编制人员数量，明确专业性较强领域的专业技术类监管执法人员占比的具体量化目标，逐步提高队伍中法律及环保专业人员占比。保障执法人员待遇，完善基层执法人员工资政策，建立和实施执法人员人身意外伤害和工伤保险制度，落实国家抚恤政策，提高执法人员履职积极性，增强执法队伍稳定性。

二是加强基层人员技能培训。健全执法人员岗前培训和岗位培训制度。鼓励和支持行政执法人员参加国家统一法律职业资格考试。定期组织执法人员参观有代表性的企业，深入掌握生产工艺流程，促使执法人员知识及时更新。鼓励区域间开展执法经验交流，或邀请行业专家举办讲座，开展专题培训。

三是加大基层执法资金保障。分类制定基层装备配备规划、设施建设规划和年度实施计划。建立责任明确、管理规范、投入稳定的执法经费保障机制，保障行政执法机关依法履职所需的执法装备、经费，自下而上加强现代化环境执法监管能力和体系建设。

2.3 生态环境执法标准化、规范化建设研究

2.3.1 执法能力现代化建设成效

"十三五"以来,江苏省在生态环境保护综合执法管理方面不断探索,取得了积极成效。

1. 执法能力得到加强

全省执法人员数量呈增长趋势,"十三五"末执法编制人数4 123人,较改革前增加18%,执法人员不足的问题得到一定程度的缓解。针对基层培训需求,采取多种手段开展业务培训,聘请行业专家和生态环境系统执法能手进行授课,举办执法人员参加的专题培训班,重点强化现场调查取证、环保法律法规适用、环境污染犯罪案件办理等能力。将环境执法大练兵与日常执法监管、"263"专项、环境执法行动等工作相结合,采取上下联动、交叉检查、联合检查等形式,以查代练,查练结合,进一步提高执法人员实战水平,推进执法队伍能力建设。按照原环境保护部颁布的《全国环境监察标准化建设标准》,各地加强执法装备标准化建设,全部达到标准化要求。根据实际工作需求,各地还配置了无人驾驶航拍器、执法艇(船)、执法记录仪等先进装备。

2. 执法规范化水平得到提升

省生态环境执法部门推行了一系列规范化的工作方法。具体包括"543"工作法、移动执法、"三项制度"、自由裁量基准、执法作业比武、案卷抽查等。围绕"全省覆盖、互联互通、现场定位、实时传输、全程留痕"目标,从硬件配备、软件开发、制度保障、推广应用等方面系统地开展工作,建成了科学规范、高效运转、公开透明的移动执法系统,推动了生态环境执法信息化、规范化水平的显著提升。实现省、市、县移动执法系统全覆盖,还制定了相应的《江苏省生态环境移动执法系统任务执行和考核办法》,以规范生态环境执法行为,提升生态环境执法效能。

3. 执法方式不断创新

推进执法方式从传统人工执法逐步向"大数据+指挥调度+智慧执法"方式转变,从千军万马疲劳执法逐步向信息化智能化执法方向转变,利用

遥感、无人机巡查、在线监控、视频监控、用能监控、大数据分析等科技手段对企业监督执法。对企业刚性监管执法向"监管＋服务"执法方式转变，推进"千名环保干部与企业结对帮扶"，上门宣贯环保法律法规和标准政策，帮助企业解决难题。推进执法由普适性同一化向选择性差异化转变，稳步推进企业环保信用监管，落实《生态环境监督执法正面清单》等文件，严格执行守法企业信任保护、标杆豁免等正向激励措施，实施"环保脸谱"，对纳入正面清单管理的企业，一般不进行现场执法检查，"双随机"抽查到的企业，免于现场执法检查或减少检查频次。

4. 执法联动机制逐步完善

生态环境执法联动机制逐步推进，与省公安厅建立"2＋N"工作机制，会同"公检法"部门出台两法衔接实施细则，密切司法协作配合。以联提效，加强与"公检法"等部门沟通协助，召开办理污染环境案件衔接工作座谈会，联合开展"昆仑行动"、长江流域江苏段污染环境违法犯罪集中打击整治行动，会同省公安厅、检察院对重大环境案件进行联合挂牌督办，不断提升生态环境执法合力。

5. 执法信息化初步实现

开展了全省生态环境执法监控平台的优化升级，建成了生态环境智慧大数据执法平台，并投入应用，实现了省、市、县共享，并与生态环境部执法平台联网。现场执法全部采用移动执法装备，组织实施移动执法系统更新升级，全省107个执法机构共更新配备移动执法装备1 628套、执法记录仪2 482台，实现了"全省覆盖、互联互通、现场定位、实时传输、全程留痕"目标。现场执法以及污染源监控、用电等工况监控数据实时传送至生态环境智慧大数据执法平台，执法初步实现信息化。

2.3.2 生态环境保护综合行政执法存在的问题

1. 执法监管效能仍需增强

一是思想认识不到位。生态环境保护综合行政执法队伍始终坚持方向不变、力度不减，始终坚持科学、精准、依法治污的信念和认知不够透彻，站位有待提高。在长期高压工作态势下，"差不多了""歇歇脚"的心态有所抬头，部分地区执法工作决心意志不够坚定，存在观望、迟疑情绪。二是协同行动力不强。垂直改革后，全省执法"一盘棋"的优势未充分发挥，有些地方仍存在"上下不信任,行动不一致"的问题,各级执法机构的职责定位亟待进一步理顺。执法与监测、监察、监控等部门信息交流不够充分,与"公检法"平台衔接不够顺畅,生态环境保护监管合力还需进一步增强。三是高科技手段运用不足。对于更加隐蔽的违法排污、逃避监管等问题,借助现代化技术手段精准发现问题的能力不够。大数据分析应用于执法工作的机制、渠道亟待完善,执法工作智慧化水平有待提高。

2. 规范化建设尚待完善

一是人员力量与监管任务不相匹配。执法队伍人员力量不足,尤其一线执法人员紧缺,基层监管压力较大,普遍存在在编不在岗、混编混岗等现象,队伍规模、结构有待优化完善。执法队伍人员整体学历水平偏低,环保、法律专业的高学历人才匮乏,难以满足新时期执法工作需要。二是车辆装备配备不够规范。专用执法车辆资源紧张且多为老旧车,常常出现无车可派的情况。执法设备类型、配比标准不统一,手持移动执法终端等基础执法装备尚未全覆盖,与新的监管需求相适应的辅助执法仪器配备不到位,严重影响执法规范性、有效性。三是制度标准不够健全。坚持用最严格制度保护生态环境的"严密法治观"落实不够有力,案件办理移交、正面清单管理、履职责任等制度有待细化完善。现场执法、"非现场"监管等流程缺乏标准化规范,执法、处罚、稽查尚未形成全过程规范化闭环管理。

3. 全社会守法共治意识相对薄弱

一是普法宣传力度不强。对生态环境保护普法宣传不够重视,投入不够,积极性不高,存在形式主义。环保法律知识宣传形式单一,宣传对象重点不突出,覆盖面不广,宣传活动尚未实现常态化。二是社会参与度不高。与公众沟通联系机制不够顺畅,环境违法违规问题线索举报途径不够完善,缺少公众监督回访交流平台。举报奖励制度设计不够健全,公众参与环境监管的积极性有待进一步激发。三是对企业的帮扶指导不够。执法服务意识未全面转变,执法监管方式还需优化。企业自觉守法意识缺乏正面引导,对存在困难的企业缺少针对性指导,切实推动违法问题整改的有效性还需增强。

2.3.3 "十四五"时期面临的机遇与挑战

"十四五"是深入打好污染防治攻坚战、推进美丽江苏建设的关键期，生态环境执法工作面临着重要的发展机遇，同时也存在一定挑战。

从国家层面看，党中央、国务院高度重视生态文明建设和生态环境保护工作，习近平总书记对生态环境执法工作作出一系列重要指示批示和重大部署。加强生态环境保护综合行政执法，既是习近平生态文明思想的内在要求，也是习近平法治思想在生态环境保护领域的深刻实践。《中华人民共和国国民经济和社会发展第十四个五年规划和2035年远景目标纲要》明确了生态文明建设实现新进步的目标，提出了完善省以下生态环境机构垂直管理制度，推进生态环境保护综合执法改革等重大任务。《关于构建现代环境治理体系的指导意见》把健全环境治理监管体系作为重要内容予以明确、加以推进。国家层面重大决策部署为江苏省生态环境执法工作提供了方针指引，执法能力现代化建设面临着重大机遇。在全省层面上，江苏生态文明建设进入绿色动能集聚、环境加速改善的阶段，美丽江苏建设、长三角一体化等战略进程加快推进，为生态环境执法建设提供了良好机遇。全省经济实力不断增强，具有更多的财政资金投入到生态环境执法队伍建设、软硬件装备购置，为生态环境执法工作提供了有力的物质基础；随着科技水平的提升和环保产业快速发展，执法部门逐渐掌握了方便、快速、准确的技术手段，如无人机、遥感技术应用，提升了发现问题、线索和取证的能力，为执法工作提供了科学的技术支撑；公众环保意识不断增强，生态文明理念逐步深入人心，公众参与生态环境保护的积极性不断提高，支持生态环境保护的氛围日益浓厚，这为我省生态环境执法工作提供了广泛的社会基础。

同时，执法工作也面临一系列挑战。当前生态环境保护结构性、根源性、趋势性压力总体上尚未得到根本缓解，表现在"三个没有根本改变"，即以重化工为主的产业结构、以煤为主的能源结构和以公路货运为主的运输结构没有根本改变，环境污染和生态环境保护的严峻形势没有根本改变，生态环境事件多发频发的高风险态势没有根本改变，生态环境保护工作任重道远。生态环境部门机构改革和生态环境保护综合行政执法改革后，生态环境执法在职能上、任务上都发生很大变化，综合性要求不断提高。从职能上，增加了原国土、农业、水利、海洋等部门相关污染防治和生态保护执法职责。从任务上，增加了对生态破坏的执法、涉温室气体排放的执法、海洋环境的执法。生态环境执法工作需要从单打独斗、各负其责转变为综合监管、统筹协调，对综合执法能力建设的需求愈加迫切。随着全省经济社会的快速发展，环境污染问题特别是历史污染累积问题日益凸显。执法领域范围不断扩大，执法任务异常繁重，执法能力不足的问题愈加突出，监管压力巨大。

总的来看，当前江苏省生态环境执法工作机遇与挑战并存。"十四五"期间，要充分利用新机遇新条件，以更大的决心、更新的理念、更高的标准、更实的举措切实提升生态环境执法能力现代化水平，不断开拓执法工作新局面。

2.3.4 综合行政执法能力现代化建设重点任务

1. 提升政治执行力

强化党建思想引领。增强政治意识，组织全体生态环境保护综合行政执法队伍党员干部深入学习习近平生态文明思想、党中央重要会议精神，认真落实"三会一课"、谈心谈话、民主评议党员制度，着力增强党内政治生活的政治性、时代性、原则性。把党中央决策部署作为执法工作的根本遵循，切实增强深入打好污染防治攻坚战的政治自觉、思想自觉和行动自觉。始终坚持发挥党建政治引领作用，在监督帮扶、交叉执法等专项执法中，建立临时党组织、实现党组织对执法工作领导与管理全覆盖，持续推进党的建设与业务工作深度融合。加强生态环境保护综合行政执法队伍基层党组织建设和党员队伍建设，创建共产党员示范岗，充分发挥基层党组织战斗堡垒作用和党员先锋模范作用。

加强党风廉政建设。牢固树立真抓实干、执法为民、清正廉洁的理念，严格落实中央八项规定及其实施细则精神，充分运用好"三项机制"，自觉接受内部、外部监督。推动出台生态环境保护综合行政执法廉政规定，查找岗位廉政风险，加强执法领域风险防控。深化执法队伍廉政警示教育，定期组织观看廉政教育片、参观廉政教育基地、开展党风廉政谈话等，切实提升执法人员纪律意识、廉政意识，自觉做到坚守底线、不越红线、不碰"高压线"，努力建设一支让组织放心、让人民群众满意的模范执法队伍。坚决整治不思进取、不接地气、不抓落实、不敢担当的作风顽疾，努力营造风清气正、积极向上的干事创业氛围。以"团结向善，勇毅向上"为江苏省生态环境综合行政执法队伍精神内核，增强执法队伍创造力、凝聚力、战斗力。

锻造过硬业务本领。紧紧围绕污染防治攻坚目标，以求真务实、执法必严为原则，不断提升业务能力和水平，确保生态环境保护各项决策部署落到实处。加强专业技能培训，推动实施"543工程"，全省培养执法专家50名，执法教官40名，执法能手300名。完善继续教育政策措施，制定出台相关奖励制度，支持执法人员参加脱岗培训和在职教育。建立执法与监测联合培训制度，将现场监测等内容纳入培训计划。建立完善执法大练兵制度，分行业、分地区建立一批实战练兵基地，聚焦重点行业，每年开展实战比武。鼓励地方自行开展现场实战练兵模拟，构建常态化练兵模式，全面提升队伍综合业务素质。为深入打好污染防治攻坚战、推动生态环境质量持续改善、促进经济社会高质量发展发挥重要的支撑保障作用。

2. 提升问题发现能力

提高智慧化发现问题能力。建立大数据研判机制，依托"1+13"生态环境数据资源中心，整合环评、验收、排污许可、执法、监察、企业环境信用等数据，构建生态环境数据信息垂直检索引擎，提升利用大数据发现问题的能力。强化现代化感知手段应用，加强卫星遥感、"千里眼"数据解读运用，实现精准发现问题、解决问题。建立污染溯源机制，加强流域水环境、入河排污口信息、水污染源排放信息及排放通道等数据资源的关联分析，实现流域水环境质量超标预警，快速锁定污染线索，提升执法业务智能触发、违法行为高效查出的问题发现、预警、溯源能力。组建全省生态环境执法数据联合战队，进一步加强对执法数据模型的开发与应用，增强环境违法问题预测、预报和预警能力。

提高专业化发现问题的能力。建立生态环境污染破坏问题线索库，收集从省到园区企业环境污染问题信息，提升以案找案能力，提高窝案、串案发掘能力。拓展无人机、无人船、走航车等非现场监管手段及应用，将其作为日常执法检查的重要方式，构建"海陆空""天地人"立体化监控体系。推动执法新技术新方法的应用，研究实施用电监控、视频监控和关键工况参数监控，将监管范围扩展到企业的生产、治理和排放全过程。探索运用高光谱、热红外、水质荧光指纹、声呐等新技术识别大气、水污染物异常排放，持续创新，提升发现问题的能力。通过加强技能培训普及常规污染因子快速检测方法，提高现场执法人员快速发现问题固定证据的能力。

提高社会化发现问题的能力。拓宽线索发现渠道，充分发挥12369举报热线功能，完善来电、来信、来访、微博微信、网络、主流媒体等多通道投诉举报路径，广泛征集重大案件线索。建立环境舆情搜索、监控、调处和回应制度，与宣教中心等单位加强合作，开设执法专栏、开辟曝光台，搭建公众参与生态环境监管执法平台，定期发布信访举报调查处理结果。进一步完善举报奖励制度，将群众举报及信访信息作为发现违法问题的重要途径，实施生态环境违法行为举报奖励办法，明确举报流程及获奖条件，细化奖励标准，落实奖励经费保障。积极鼓励全社会共同参与生态环境保护，营造共建共治共享良好氛围。

3. 提升专业行动力

构建高效组织指挥体系。加快整合生态环境保护综合行政执法队伍，积极推动出台机构职责定位、人员性质、运行机制等相关政策文件，进一步理顺、统筹内设执法机构职责、执法事项。推行"大数据＋指挥中心＋综合行政执法"模式，统建全省共用的生态环境指挥调度系统。依托全省生态环境指挥调度中心，明确预警事项清单，完善平台预警调度功能。以市县乡镇（街道）综合行政执法部门为延伸，通过执法行动指挥平台实现执法指令一键送达，省市县三级执法部门上下联动响应，推动地方执法部门第一时间到达现场开展执法行动。

健全执法协同联动机制。加强系统内部联动，探索建立执法与监测、监控、监察全方位联动的立体化协同作战体系，推动形成内部系统协同作战方案。深化执法机构与水、气、土等要素管理部门沟通协作，联合梳理影响区域环境质量的重点区域、重点行业和突出问题，推动实现信息共享、原因共判、措施共商、结果互认；建立行业部门协调机制，加强与水利、住建、交通、应急、自然资源、农业农村、市场监管等部门互联互通，推动联合制定权责事项清单，建立部门间生态环境问题线索通报反馈和信息共享机制，实现执法监管任务有效衔接；优化刑事司法衔接机制，全面落实《环境保护行政执法与刑事司法衔接工作办法》，加快行政执法和刑事司法证据标准一体化建设，完善执法与公安、检察、法院等司法机关联席会议制度，健全案件移送、联合调查、信息共享和奖惩机制。建立专案查办制度，充分运用"2+N"司法联动机制，与公安、检察成立联合执法专案组，查办一批大案要案；探索区域联合执法机制，学习推广苏州、连云港等地跨界联合执法经验，建立健全联合监管、联合会商、联合监测、数据共享的跨界执法机制。推动区域联合印发执法跨界现场检查互认方案，促进跨界预警监督、矛盾纠纷协调解决。

　　加强处罚稽查流程规范。推动完善生态环境保护综合行政执法相关法律法规，结合上位法要求，配合省人大，开展生态环境保护、污染防治等相关法规制（修）订工作。修订完善各重点行业自动监测数据执法标准，推进污染源自动监测数据直接用于行政处罚。进一步细化"543"工作法和现场执法"八步法"，深化落实行政执法公示制度、执法全过程记录制度、重大执法决定法制审核制度、执法案卷评查和评议考核制度。建立全过程执法工作标准体系，统一证据采集种类和证据格式，制定生态环境保护综合行政执法文书模板，制定重点行业现场执法手册（指南），重点制定以排污许可证载明事项为核心的执法检查清单，制定生态环境保护综合行政执法稽查工作细则，明确稽查流程要求。优化执法信息系统，建立以移动执法系统为核心的执法信息化管理体系，推动排污许可证管理信息平台与移动执法系统实现互联互通。进一步拓展移动执法系统功能，加强处罚、稽查功能的开发运用，推动执法处罚全链条电子化管理，切实提升执法工作规范性。

4. 提升社会动员力

　　建立普法长效机制。将执法和普法相结合，制定生态环境保护综合行政执法普法工作手册，推广执法办案全员普法、全程普法。以现场检查环节为重点，以推进说理性文书为突破，加强对行政相对人的普法。建立执法典型案例发布制度，定期对重大案例发布宣传，提高案例推广度。加强与地方电视台、报社等媒体合作，通过投放公益普法广告、开设生态环境法律知识专栏等形式开展常态化宣传教育。加强与高校、公益组织合作，发展规范公益性环境普法组织，联合举办多元化普法宣传活动，推动普法活动走进校园、走向社会。建立基层执法宣传制度，每个网格设置1名兼职宣传员开展普法宣传。重点针对排污许可制度实施中的关键环节，制定专项普法宣传方案。

引导企业自觉守法。强化环境监管服务，制定不同行业普法宣传手册，定期开展"送法入企"活动。组织重点行业企业参加环境污染普法讲座，印发赠送环保法律法规学习读本等宣传资料。设立"执法接待日"，邀请企业负责人体验执法工作，有效增强企业环境守法意识、守法能力和守法意愿。实施执法结对帮扶，充分利用"环保脸谱"协助企业主动发现自身存在的问题，疏通堵点、去除痛点、解决环保难题，引导企业及时改正违法行为，推动企业更好履行环境保护主体责任。

发挥第三方辅助执法作用。鼓励地方积极探索第三方辅助执法机制，围绕污染源排查、污染防治设施运行评估、整改措施跟踪等工作，建设以政府公共采购、人员聘用等方式委托具备环保专业素质的第三方机构辅助执法的示范试点。健全第三方监测工作机制，积极探索建立"执法＋监测"协同模式，鼓励有资质、能力强、信用好的社会环境监测机构参与执法监测工作，切实提高现场环境污染问题执法的及时性、有效性。发挥社会公益机构、行业协会监督作用，积极邀请相关行业机构对执法工作实施全过程监督。加强智库建设，建立由重点行业、环保技术及司法领域专家组成的执法咨询专家库，为大案要案专案办理提供专业指导。依托高校、研究院所，加强执法专业学科建设，培养执法专业人才。加大对现代化执法监管能力和体系建设的研究探索，聚焦应用大数据监管技术开发，着重成果转化运用。

5. 提升勤务保障力

加强力量配备与资格管理。加快整合生态环境保护领域执法队伍，2025年底前配齐生态环境保护综合行政执法人员，全面推行"市管区用"模式，重点充实一线生态环境监管执法力量，市、县执法机构一线执法职位数量不低于编制（职位）总量的80％。建立执法人员编制动态调整制度，加强员额管理。根据行政执法证件管理办法，严格执法资格审核与证件发放，定期更新、不断完善执法人员档案库。探索市级及以上监测人员持行政执法证、执法人员持现场采样监测上岗证的"双向持证"模式。鼓励全省各级执法人员参加国家法律职业资格考试，到2025年，设区的市级执法机构至少配备2名具备法律职业资格的执法人员。

开展机构规范化建设。完善执法机构管理，加强机构职能规范。鼓励地方探索将执法监测纳入综合行政执法体系，形成"局队站合一"模式。按照"四个一"要求，对全省生态环境保护综合行政执法机构，尤其在乡镇（街道）单独或跨区域建设的执法机构，大力推进办公场所标准化建设。制定出台基层执法所建设标准与规范，开展基层规范化示范单位创建试点工作，鼓励地方大胆探索，积极创新，将取得的良好经验在全省推广。

推进装备标准化建设。全面推进执法人员着装统一，树立规范铁军形象，根据《生态环境保护综合行政执法人员着装管理规定》，统一着装，并进行严格规范管理。加强执法装备配备，加快解决基层执法车辆、现场执法设备等配备不足问题。优化完善《江苏省生态环境保护综合行政执法装备标准化建设指导标准（2021版）》，2022年底前按照标准配齐执法装备。重点地区和重点流域根据实际污染源监管对象的需求，选配特种专业技术用车、走航监测车、无人船等专业设备。地方各级执法部门加强与财政等有关部门的沟通协调，落实生态环境保护综合行政执法制式服装、装备经费财政保障要求，将相关经费纳入同级财政预算。建立报废、补充、更新等环节严格规范化管理制度，由专人负责日常维护和管理，完善装备使用台账，提升装备建设水平。

强化规范履职制度保障。完善奖惩激励机制，科学制定出台执法考核办法，考核结果作为执法人员职务级别调整、交流轮岗、教育培训、奖励惩戒的重要依据。组织开展"执法能手""环保忠诚卫士""执法典型案例"等评选，大力宣传报道执法队伍典型人物和先进事迹。建立重大案件查处有功人员奖励制度，激发执法人员争先创优的内生动力。推行容错纠错、尽职免责机制，制定容错正面清单与纠错对策清单，坚持信任使用。完善工资待遇、晋升机制，重点向基层一线办案人员倾斜。建立人身安全保障制度，加强基层人员医疗保障，推进全员参加工伤保险。

2.4 规范化生态环境执法工作研究

环境执法规范化是依法行政在环境管理方面的必然要求，是维护人民环境权益、构建和谐社会的重要保障和体现，它直接影响到依法行政目标的实现。规范化执法要求构建完备的执法制度体系、规范的执法办案体系、系统的执法管理体系、实战的执法培训体系、有力的执法保障体系，实现执法队伍专业化、执法行为标准化、执法管理系统化、执法流程信息化。根据《生态环境保护综合行政执法事项指导目录》要求，按照公开透明高效原则和履职需要，编制统一的生态环境保护综合行政执法工作规程和操作手册，明确执法事项的工作程序、履职要求、办理时限、行为规范等是建设现代化、规范化、精准化执法体系的重要任务之一。

从内涵上，规范化执法即要求环境执法人员按照法律、法规规定的职权和义务来从事一切执法行为，要求遵循严格的执法程序、规范执法文书格式，执法态度同样也是规范化执法的必要性约束。

2.4.1 厘清规范执法任务

规范执法首先要厘清执法的主要形式，建立执法任务清单。进一步梳理国家及江苏省生态环境执法工作内容，提出江苏省生态环境执法主要包括日常执法、专项执法、专案执法、执行监督和计划外执法等五种执法形式。日常执法是指按照原环保部《关于在污染源日常环境监管领域推广随机抽查制度的实施方案》并涵盖沿海地区海洋工程开展的"双随机"执法。专项执法是指由生态环境部门组织开展的针对特定区域、行业或环境行为的专项执法行动。专案执法是指对上级交办、有关部门移交的，以及通过信访、举报、媒体等途径反映的涉及环境违法线索的案件进行执法。执行监督是指对环境行政处罚、行政强制、行政命令等具体行政行为执行情况进行的监督检查执法。计划外执法是指对临时发现、紧急交办的环境违法线索开展的现场调查和执法。日常调研、检查、指导等活动不在执法任务之列。

2.4.2 细化规范执法环节

在执法实践中，执法准备、现场执法、处理处罚和执行落实是四个执法关键环节，直接关系到执法效能。

（1）执法准备环节包括开展资料收集、科学制定方案、强化技术支持。开展资料收集是指生态环境执法机构应根据执法任务，收集相关资料信息，包括执法对象基本信息、建设项目环境影响评价及"三同时"制度执行情况、污染防治设施及排污许可证执行情况、环境应急预案备案及环境安全隐患排查治理等；科学制定方案是指开展专项执法前应制定工作方案，包括时间阶段、方式方法、检查要点等,其他执法任务也要提前谋划,根据需要制订相应的工作计划,确保规范有序;强化技术支持是指省、市生态环境部门应建立生态环境执法专家库和办案能手库,针对重大复杂的执法任务,应从中邀请行业专家、办案能手参加。

(2)现场执法环节包括使用移动执法系统、实施亮证告知、明确检查内容、开展检查、采取措施、制作笔录。一是必须使用移动执法系统,生态环境执法人员在实施五类执法任务时均必须使用移动执法设备和执法记录仪,按照"八步法"(定位报到、亮证告知、信息核实、现场检查、笔录制作、打印签名、电子归档、任务完成)规范流程开展执法工作,如实记录执法过程。二是实施亮证告知,实施执法活动时,执法人员不得少于两人,当事人或其他有关人员在场的,应当向其出示执法证件、表明身份和说明来意,告知其申请回避的权利和配合调查的义务,告知其拒绝、阻碍、隐瞒或者提供虚假情况可能承担的法律责任。三是明确检查内容,日常执法检查重点包括污染防治设施运行情况、污染物排放情况以及环评、"三同时"、排污许可证、环境应急预案备案及环境安全隐患排查治理等环境管理制度落实情况,专项执法、专案执法、执行监督、计划外执法等应根据执法任务有针对性地明确检查内容。四是运用多种方式开展检查,生态环境执法人员应进入有关场所进行检查、勘查、录音、拍照、录像、取样或者监测;询问当事人和有关人员,要求其对相关事项作出说明;查阅、复制生产记录、排污记录、监测报告和其他有关资料。五是及时采取措施,在检查中发现存在环境违法行为的,应当立即固定证据,在现场检查(勘查)笔录里描述清楚,并要求被检查对象立即停止违法行为;涉嫌犯罪的,应当及时通知公安机关联合调查。六是规范制作笔录,生态环境执法人员应当按照生态环境行政执法文书制作指南要求制作调查询问笔录、现场检查(勘查)笔录,笔录应当有执法人员签名和当事人签名或者盖章。当事人拒绝签名、盖章的,应当注明情况。当事人拒不到场、无法找到当事人的,不影响调查取证进行。笔录完成后应当和现场照片一起上传,执法记录仪记录应及时上传备份保存。

(3)处理处罚环节包括立案调查、案件移交移送、调查取证、案件审查审议、处理处罚。一是及时立案调查,生态环境部门对涉嫌违反生态环境法律、法规和规章的违法行为,应当进行初步审查,并依法及时立案,需要立即查处的环境违法行为可先行调查取证。二是规范案件移交移送，经调查不属于本区域生态环境部门管辖的案件，应当移交有管辖权的生态环境部门调查处理；经调查发现涉及安全生产、市场监管、城市管理等领域的违法行为线索，应当移送相关部门进行调查处理；上级生态环境部门可以将其管辖的案件交由有管辖权的下级生态环境部门实施行政处罚，也可直接进行调查处理。三是全面调查取证，生态环境部门对登记立案的环境违法行为，应当指定专人负责，及时组织调查取证，依法收集与案件有关的证据，查清当事人的基本情况、违法事实、危害后果、违法情节等情况。证据包括必要证据和补充证据，必要证据为当事人身份证明、调查询问笔录或现场检查（勘查）笔录，补充证据包括现场照片和视频等视听资料、环境影响评价及批复文件、企业污染防治设施运行记录、环境监测报告、政府部门相关行政决定、附近群众证言等。四是做好案件审查审议，生态环境执法人员在现场调查结束后及时制作案件调查报告，提出已查明违法行为的事实和证据、初步处理意见，按照查处分离的原则送法制审查部门（人员）审查；对较大数额罚款、责令限制生产或者停产整治、情节复杂、社会影响较大或者审查部门与调查部门存在争议的案件，应当集体审议决定。五是精准处理处罚，违法事实不能成立的，不得给予行政处罚；违法事实清楚、法律手续完备、证据确凿充分的违法案件，根据情节轻重及具体情况，按照国家及省相关自由裁量标准作出行政处罚决定；违法事实不清、证据不足，且证据已经灭失无法继续调查取证的案件，或者出现法定的调查终结情形的，依法撤销案件；违法行为涉嫌犯罪的，移送司法机关追究刑事责任。行政处罚决定书送达后，行政复议、行政诉讼不影响行政处罚决定的执行。

（4）执行落实环节包括开展跟踪监督、明确检查内容、依法采取强制措施。一是及时开展跟踪监督，生态环境执法机构应当依法对环境行政处罚、行政命令等具体行政行为执行情况进行跟踪监督，对排污者解除限制生产、停产整治后30日内进行跟踪检查。二是明确检查内容，重点检查罚款、责令停产整顿、责令停产停业关闭、没收违法所得、没收非法财物等环境行政处罚决定是否执行到位；检查责令改正或者限期改正违法行为等环境行政命令是否执行到位。三是依法采取强制措施，生态环境部门根据执行落实的检查结果，依法进行处理，逾期未依法履行行政处罚决定且经催告后仍不履行的，应申请人民法院强制执行；被责令停产整治后拒不停产或者擅自恢复生产或者停产整治决定解除后又发现实施同一违法行为的，依法报请有批准权的人民政府责令停业、关闭；逾期未按要求改正环境违法行为的，依据相关法律法规的规定采取罚款、责令停产停业、暂扣或者吊销许可证等行政处罚措施，或者采取责令停止建设、强制拆除、指定有治理能力的单位代为治理或者代为处置等行政强制措施。

江苏省规范化生态环境执法体系框架如图2.4.1所示。

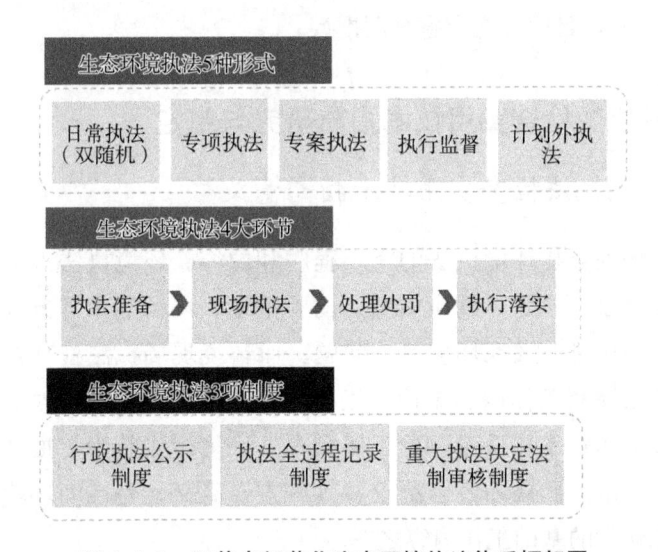

图2.4.1 江苏省规范化生态环境执法体系框架图

2.4.3 落实规范执法制度

执法规范化需要一定的制度保障。根据《关于在生态环境系统推进行政执法公示制度执法全过程记录制度重大执法决定法制审核制度的实施意见》和《江苏省全面推行行政执法公示制度执法全过程记录制度重大执法决定法制审核制度实施方案》要求，系统梳理三项重要执法制度作为规范执法的重要支撑。

（1）严格落实行政执法公示制度，强化事前公开，规范事中公示，加强事后公开。保障行政相对人和社会公众知情权、参与权、表达权、监督权，对于不规范的执法行为需要进行追责问责。

（2）严格落实执法全过程记录制度，全过程记录，全面系统归档保存，执法全过程留痕和可回溯管理。

（3）严格落实重大执法决定法制审核制度，凡涉及重大公共利益、可能造成重大社会影响或引发社会风险，直接关系行政相对人或第三人重大权益，经过听证程序作出行政执法决定，以及案件情况疑难复杂、涉及多个法律关系的，都应该进行法制审核。

基于规范化生态环境执法的内涵，从执法形式、执法环节、执法制度方面，提出江苏省规范化生态环境执法的工作要求（即生态环境执法"543"工作法），目前已在全省全面推行。

2.5 环境执法检查实用技术指南研究与制定

2.5.1 环境执法检查实用技术指南意义

执法现场检查是环境执法的重要程序和内容。环境执法人员通过实地调查，收集书证、物证、视听资料、勘验笔录、现场笔录等方式，完整全面获取污染源信息，发现环境违法问题。而环境现场执法检查技术指南的制定可使执法检查工作内容全面，流程清晰，有据可依，有效提高环境检查现场调查工作效率和质量，对于切实查处环境违法行为，提高环境执法和管理能力，维护群众环境合法权益具有重要意义，是推动环境执法规范化、标准化建设的基础工作内容之一。

2.5.2 环境执法检查实用技术指南编制情况

在生态环境机构垂直管理机制改革和生态环境综合行政执法改革之前，环境执法与监察为一体，由环境监察机构统一执行。2003年始，全国113个地区开展生态环境监察试点工作。为帮助各地开展生态环境监察试点工作，使全国监察人员适应环境监察工作的新形势和新要求，原环保总局环境监察办公室编写出版《生态环境监察工作指南（试用）》，作为全国环境监察人员持证上岗培训、考试的教材，为生态环境监察工作提供了总体参考和初步规范。2007年，环境监察全面推行，成为环境管理制度性工作之一。自环境监察制度推行实施以来，陆续出台了制浆造纸、味精、畜禽养殖、铅蓄电池、焦化、矿山等重点行业的现场监察指南，为地区重点行业环境执法监察人员现场执法提供更加精准化、精细化参考。2012年，为进一步加强和规范环境执法监察工作，提升环境执法监察效能，原环境保护部制定出台《环境监察办法》。办法中明确了环境监察遵循原则，详细阐述了环境监察部门的职责、执法的程序规定、人员和机构设置等，为环境监察工作的制度化、规范化建设夯实基础。环境监察指南发展路线如图2.5.1所示。

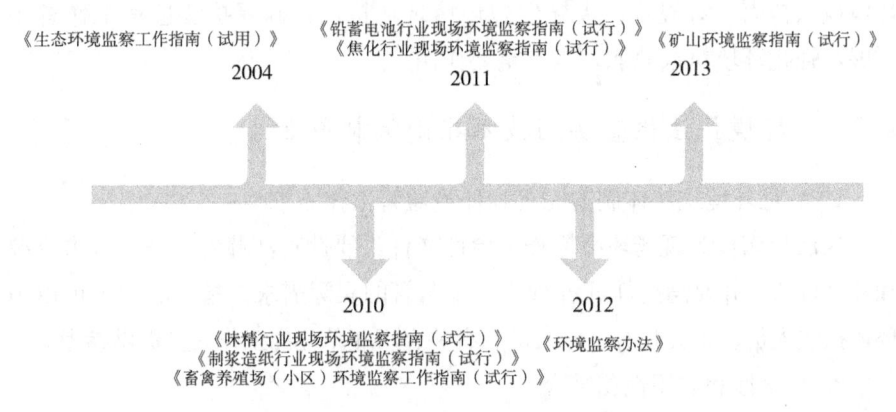

图2.5.1 环境监察指南发展路线图

时间轴：
- 2004：《生态环境监察工作指南（试用）》
- 2010：《味精行业现场环境监察指南（试行）》《制浆造纸行业现场环境监察指南（试行）》《畜禽养殖场（小区）环境监察工作指南（试行）》
- 2011：《铅蓄电池行业现场环境监察指南（试行）》《焦化行业现场环境监察指南（试行）》
- 2012：《环境监察办法》
- 2013：《矿山环境监察指南（试行）》

在国家监察指南的总体框架下，不少省份和城市，为加强环境执法行为规范，根据自身情况编制了环境监察工作指南（规范）。浙江省环境执法稽查总队编制了重点行业监察指南，沈阳市环境监察支队编制了沈阳市污水处理厂环境监察工作指南，上海市环境监察总队编制了生活垃圾焚烧行业现场环境监察指南。

"十四五"时期，全省生态文明建设进入了以降碳为重点战略方向、推动减污降碳协同增效、促进经济社会发展全面绿色转型、实现生态环境质量改善由量变到质变的关键时期，污染防治触及的矛盾问题层次更深、领域更广、要求也更高。环境执法工作正面临更为严峻的考验。环境执法对环境监管的必要性一直受到高度重视，由上至下的环境执法检查均严格按照国家标准和地方标准执行。对于环境执法的规范性要求，原苏中环保督查中心组织编制了环境保护督查手册，对污水处理厂、电镀、化工、危废处置等重点行业制定了现场督查要点、现场检查流程及规范、人员安全防护、采样规范等，成为江苏地方重点行业执法检查指南雏形。2020年，江苏省生态环境厅发布《重点工业行业挥发性有机物现场执法检查工作指南

（试行）》，旨在加强规范和指导全省重点行业挥发性有机物现场执法检查工作。

总体看，目前江苏省环境执法工作内容和流程还不够准确规范，行业环境执法指南不够全面系统，缺乏行业针对性和精准性。在国家和地方法律法规、标准为前提依据下，研究和制定适应江苏环境特点、产业特色的环境执法指南，对规范、指导生态环境现场执法，确保执法检查工作有序开展，强化环境执法效能，具有重要作用。

2.5.3 环境执法检查实用技术指南编制原则

1. 满足环境执法体制的完善和环境监管工作需求

执法指南作为现场环境检查指导性文件，要针对江苏省经济、人力资源和社会现状，并要满足江苏省行业环境监管的实际需求。指南的制定可以为环境执法人员、相关政府工作人员、有关企事业单位的工作人员提供参考。

2. 科学性和实用性相结合

通过对各重点行业生产工艺、产污节点的现场调研，掌握产污关键点，废水、废气、固废等处理工艺原理及适用的范围，对现场环境检查的要点进行详细分析和论证，使规范具有较强的科学性、指导性和可操作性。

2.5.4 三项重点行业现场环境执法检查实用技术指南

在十几个重点行业中，选择环境基础设施生活垃圾焚烧发电、城镇生活污水处理、危险废物企业3项作为研究重点。分析主要工艺流程、主要排污节点及污染物，对环保台账、现场核查内容、污染防治设施核查等制定检查流程、表格，为环境基础设施执法检查提供规范化、标准化的技术规范。重点行业现场执法检查实用技术指南框架如图2.5.2所示。

1.《江苏省生活垃圾焚烧发电行业现场环境执法检查指南（试行）》

该指南适用于江苏省各级生态环境保护行政主管部门的生态环境执法检查机构，依照国家有关规定对辖区内生活垃圾焚烧发电企业履行环境保护法律法规、规章制度、政策及标准情况，进行现场监督、检查和处理时的工作参考。

该指南分为适用范围、名词解释、生活垃圾焚烧发电主要工艺流程及排污节点、现场执法检查基本程序4节，包含环保台账资料检查要点记录

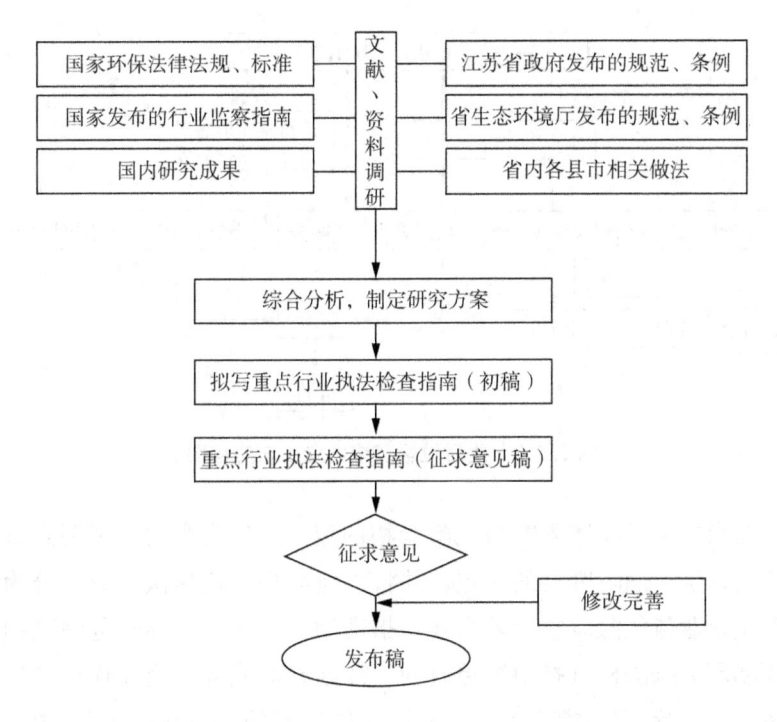

图 2.5.2　重点行业现场执法检查实用技术指南框架图

表、主体工程现场核查内容记录表、污染防治设施情况核查内容记录表、炉膛内焚烧温度、炉膛内烟气停留时间和焚烧炉渣热灼减率等 7 个相关附件。

该指南在编制过程中调研了生活垃圾焚烧发电的常规工艺，总结绘制生活垃圾焚烧发电工艺流程图。垃圾焚烧发电流程主要分为垃圾前端收集处理、焚烧发电以及末端烟气、炉渣、飞灰处理等阶段。主要包含 7 个工艺流程，即垃圾接收、垃圾焚烧、余热发电、烟气净化与处理、渗滤液处理、炉渣炉灰处理、恶臭控制和防治。该指南列举说明现场检查过程中应分别对企业环保手续、焚烧主体工程、污染防治设施进行详细检查，详细列出检查要点和对应的具体要求。生活垃圾焚烧发电工艺流程如图 2.5.3 所示。

2.《江苏省危险废物企业现场环境执法检查指南（试行）》

该指南规定了危险废物企业现场执法检查内容要点、检查方法等要求。指南适用于危险废物产生企业、危险废物经营企业的监督管理。放射性危险废物产生企业的现场执法检查工作不适用于该指南。

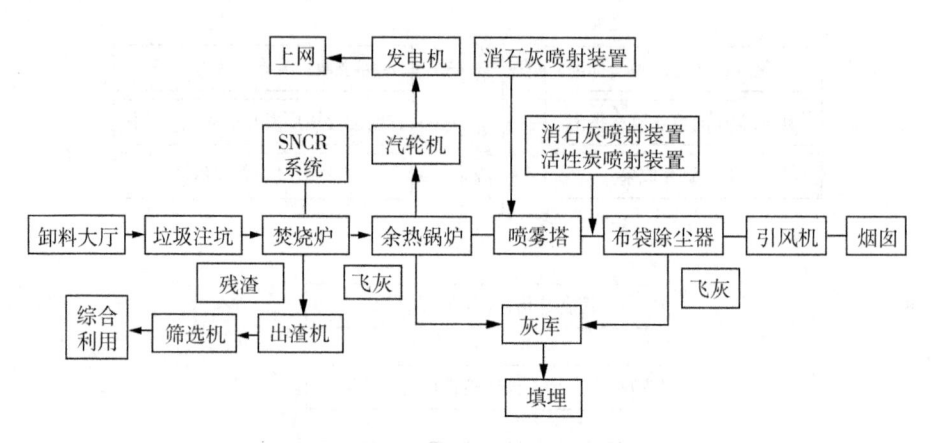

图 2.5.3　生活垃圾焚烧发电工艺流程图

该指南规定了固体废物与危险废物的定义，危险废物管理要点分为固体废物的认定、危险废物的认定，并将危险废物企业执法检查细分为危险废物产生企业与危险废物经营企业，指南的名称由《江苏省危险废物处置行业现场环境执法检查指南》更改为《江苏省危险废物企业现场环境执法检查指南（试行）》。指南中明确危险废物管理的"三化原则"，遵从"全生命周期管理理念"。

针对危险废物产生企业，该指南共列举出 18 项检查要点，针对危险废物经营企业，列举出 20 项检查要点，每一项均对应详细的检查细则与检查依据，检查依据主要参考《中华人民共和国固体废物污染环境防治法》《排污许可管理条例》《中华人民共和国环境影响评价法》《建设项目环境保护管理条例》等。该指南对污染防治设施、环境监测等需要注意的审查要点进行补充说明。

3.《江苏省城镇污水处理厂现场环境执法检查指南（试行）》

该指南规定了城镇污水处理厂现场执法检查内容要点、检查方法等要求。指南适用于城镇污水处理厂的监督管理。

该指南在编制过程中紧扣"城镇污水"主题，着重分析适用于城镇污水处理厂的处理工艺。工艺流程主要包括传统活性污泥法、厌氧-缺氧-好氧活性污泥法（A^2/O）、序批式活性污泥法（SBR）、氧化沟、曝气生物滤池（BAF）等处理工艺。分析每一种工艺的流程工序的优缺点和产污环节，列举每个工艺的技术经验指标参数，指导执法人员快速定位数据异常的环节。

污水处理厂常见问题检查表中列举 5 类 13 项易出现违法问题的环节，补充常见违法行为及对应的处置法律法规。

三项现场环境执法检查指南均参照"八步法"梳理执法检查程序，减少对概念、术语、排放标准等冗杂内容的陈述，突出执法指南的主要内容，明确执法检查性质、现场检查目标、工作任务和要求，配备现代化移动执法系统。要求执法人员在现场检查结束后及时对检查过程进行总结归档。

注明：执法指南在编制过程中充分征求江苏省生态环境厅执法监督局各处室意见，共收到固体处、环评处、应急中心以及苏州张家港等地方直属单位共计 28 条修改建议。其中《江苏省城镇污水处理厂现场环境执法检查指南（试行）》修改建议 11 条，《江苏省生活垃圾焚烧发电行业现场环境执法检查指南（试行）》修改建议 7 条，《江苏省危险废物企业现场环境执法检查指南（试行）》修改建议 10 条。

3 生态环境执法系统化、一体化建设

3.1 突发环境事件应急预案机制研究

3.1.1 江苏省应急预案管理现状

"十一五"以来，我国应急管理体系建设工作开始起步，在实践中逐步建立"一案三制"的应急管理体系，即应急的预案、体制、机制和法制。其中，应急预案作为"一案三制"的起点，是应急管理工作的核心和基础。在社会生活中，由于政府具有公共权力并掌握着主要的社会资源，因此在突发环境事件应急处置工作中，政府承担着主体责任。政府突发环境事件应急预案在突发事件总体应对工作中起着调控全局的作用，同时对部门和企业的行动和预案有指导作用。就国家层面而言，《中华人民共和国突发事件应对法》及《中华人民共和国环境保护法》等上位法、环境保护各项单行法及相关规章性文件、《突发事件应急预案管理办法》《突发环境事件应急管理办法》《突发环境事件应急预案管理暂行办法》均从不同层面和角度对应急预案管理提出了要求。

2011年，江苏省出台了《江苏省实施〈中华人民共和国突发事件应对法〉办法》（江苏省人民政府令第75号），明确要求县级以上地方人民政府根据国家规定建立健全突发事件应急预案体系和应急预案管理制度。企事业单位等组织应根据有关法律、法规、规章规定和本省要求，制定本单位应急预案。2014年，原江苏省环保厅出台了《江苏省突发环境事件应急预案管理办法》，就环保部门、企事业单位环境应急预案的备案程序和要求提出了规范性要求。

总体而言，预案管理工作全面起步、初见成效。近年来，在各级各部门的大力推动下，江苏省环境应急预案管理工作正在逐步走向体系化、规范化。针对当前的大气环境污染形势，出台了《江苏省重污染天气应急预案》，统一了全省重污染天气预警等级的划分。大力推进重点环境风险企业环境应急预案的编制与备案工作，全省已经有 800 余家企业完成了环境应急预案备案程序，通过预案的编制与修订，企业环境应急管理意识明显增强。环境应急预案以点带面，不断推动企业加强环境应急管理工作的着力点作用显现。

3.1.2 江苏省应急预案管理存在的问题

1. 应急预案编制质量不高

在操作性、科学性和可行性方面存在不同程度的欠缺。尽管环境应急预案初步实现了从无到有的转变，但距离实现从有到精的过程，还有很长的一段距离。

（1）环境应急预案的内容缺乏针对性

环境应急预案内容千篇一律，共性有余而个性不足。尤其是对于企业自身的环境风险评估不足，对可能发生的突发环境事件类型预判不明了，难以在预案中提出有针对性的环境风险防范措施，直接导致应急预案成了一纸空文，不能在突发环境事件的处理处置中发挥应有的关键作用。

（2）环境应急预案的实战性不强，形式胜于内容

大部分应急预案在备案前，都没有经过实战演练，应急人员、应急程序、应急装备拉练不够，一旦出现突发环境事件，很难按照既定的预案模式进行操作。预案在完成备案程序后，就会束之高阁，无法实现更新与持续完善。

（3）预案的定位不是非常准确

部分单位对于应急预案的理解不是很深入，不能正确把握预案与环境评价报告、预案与风险评估之间的关系，往往把预案变成企业环境影响评估报告的翻版，对于预案在企业突发环境事件应急处置中的作用不能很好地把握，预案只是为了编而编，不能切中要害，做到有目标、有措施、有

保障。预案定位不准确，导致企业管理人员无法正确认识应急预案的价值，对预案的整体关注度不高。

2. 企业预案的管理尚未实现可持续化

可持续发展是一个大概念，如果将其用在环境应急预案管理方面，实际上就是强调了应急预案的生命力。生态环境部专家曾在预案管理的调研过程中指出，目前的预案还存在几个方面的问题，其中一个重要问题就是预案是"死"的。这里所讲的"死"，就是指即使第一次编制预案时可能下了很大的功夫，环境应急预案的内容与当时的情况是相符的，但若干年之后，当企业的生产工艺、企业的周边环境以及企业管理的人员与机构发生变化时，企业的环境应急预案如何实现可持续的更新，就是一个很大的难题。尽管相关规范性文件指出，当企业的生产工艺发生变化等一些情况发生时，企业应当修订突发环境事件应急预案，但落到实际操作层面，不代表企业就会去执行。如何保障制度执行到位，是当前预案管理中的一大难点，预案的配套管理跟不上，预案仍然是形式胜于内容。研究认为主要有以下几个方面的问题。

（1）针对第三方环境应急预案编制单位的鼓励性或奖惩性配套政策不足，市场比较混乱。如何充分发挥第三方机构的技术支撑力量，是提高预案管理的基础性工作。预案管理应该是集企业自身管理、社会监督和政府部门宏观管理于一体的系统性管理，任何一个环节出现问题，都有可能导致预案的作用无法得到真正发挥。目前，尚未针对企业突发环境事件应急预案的专职编制人员开展配套的专题培训班。同时，对于业务能力不强的单位，没有有效的惩罚手段。

（2）企业突发环境事件应急预案管理人员的能力提升没有较好的途径。在政策法规方面，对于企业环境应急管理的从业人员没有专业素养的基础要求；在环保层面，目前尚无针对企业管理人员的上岗能力要求，没有要求就没有门槛，没有门槛就不能做到人员工作能力的高、精、尖。人员的能力是实现管理的基础，制度再好，人员不能执行到位同样无法发挥预案的有效作用。尤其是在部分企业突发环境事件应急预案编制不足的情况下，预案可持续管理的基础比较薄弱，预案管理的环节不能环环相扣，无法形成系统的过程。

（3）预案的演练工作目前还停留在形式演练上，演的成分多于练，对于真正提升企业在环境应急方面的实战能力作用不大。预案可持续化的重要环节明显缺位，部分地区没有将预案的演练及评估作为预案备案的前置条件，预案的有效性和可操作性亟待加强。

（4）对于预案文本的评估仅仅停留在浅层，没有深入到与企业实际环境风险状况、周边居民群众的交流互动之中，预案的修订与完善缺乏有效的可持续化的推动力。预案往往是内部的，而不是公开的，无法形成有效的社会监督机制。

3. 各级环境应急预案的衔接性不够，不能形成系统化管理

预案是一个体系建设。从性质上来看，预案体系中应该包括综合性预案、专项预案和工作实施方案。综合性应急预案包括专项应急预案和工作实施方案，更加侧重宏观的协调以及对于各个子预案或者是专项预案的定位作用。严格意义上讲，综合性预案需要专项预案的支撑，省、市、县级生态环境部门预案需要相互界定有效的应急响应的启动点。区（园区）企业环境应急预案必须成为所有预案的扎实基础，注重实用性，但又体现其局限性。目前而言，各级环境应急预案还属于"各自为政"的阶段，同时各级预案都没有体现其应有的特点，上下一般粗、左右一样高，企业照搬照抄省级、市级生态环境部门的应急预案，企业突发环境事件的分类分级与国家突发环境事件应急预案雷同的现象时有发生。与此同时，在预案的衔接上难以做到无缝对接。举例说明，一个输油管道公司的突发环境事件应急预案，往往要涉及多个行政区域，但企业在编制突发环境事件应急预案的时候，很少有与对方管理部门对接的。即使部分企业能够分区域编制子预案，但预案的内容也基本上没有区域特色，无法体现上游与下游的区别，很难形成一个高质量的突发环境事件应急预案。

3.1.3 应急预案修编的必要性

应急预案体系是有效防范和处置突发环境事件的基础前提。突发事故应急预案是应急救援准备工作的核心内容，是及时、有序、有效地开展应急救援工作的重要保障。江苏省人民政府办公厅分别于 2006 年 7 月 10 日和 2014 年 4 月 4 日以苏政办发〔2006〕90 号和苏政办发〔2014〕29 号颁布实施了两版应急预案。各市、县（区）也陆续编制了相应的应急预案，目前已形成"省—市—县（区）—园区—企业"多级环境应急预案体系。但随

着江苏经济发展，风险源周边取水口、人群等风险受体不断增加，环境风险日益凸显，现有的预案体系已无法满足日益增长的事故应急的需求。

《国家突发环境事件应急预案》（国办函〔2014〕119号）（以下简称《预案》）于2015年2月3日发布。对突发环境事件的定义、突发环境事件的分级标准、监测预警和信息报告机制等都做了调整。近年来突发环境事件应对工作的实践和正在实施的环保机构垂直管理改革，使《预案》在突发环境事件的定义、预案适用范围、应急指挥体系、应急响应措施等方面暴露出一些问题和不足，迫切需要对《预案》进行修订，以适应环境应急管理工作面临的新形势、新任务和新要求。

同时，根据《江苏省突发事件应急预案管理办法》第二十四条规定：各类应急预案应当每3年至少修订1次。

3.1.4 应急预案修编的总体思路

新预案依据《中华人民共和国突发事件应对法》和2014年修订的《中华人民共和国环境保护法》等法律法规，总结了近年来突发环境事件应对工作的实践经验，从江苏省突发环境事件应急处置的需要出发，重点在突发环境事件的定义和预案适用范围、应急指挥体系、监测预警和信息报告机制、事件分级及其响应机制、应急响应措施等方面做了调整，较2014版预案结构更加合理，内容更加精练，定位更加准确，层级设计更加清晰，职责分工更加明确，"环境"特点更加突出，应急响应流程更加顺畅，指导性、针对性和可操作性也更强。

3.1.5 应急预案的主要内容

1.《江苏省突发环境事件应急预案》

主要内容分总则，突发环境事件分级标准，监测研判和报告，应急响应，应急保障，后期工作，宣传教育、培训与演练，责任与奖惩，附则9章。

该预案依据《中华人民共和国突发事件应对法》和2014年修订的《中华人民共和国环境保护法》等法律法规，总结了近年来突发环境事件应对工作的实践经验，从江苏省突发环境事件应急处置的需要出发，重点在突发环境事件的定义和预案适用范围、应急指挥体系、监测预警和信息报告机制、事件分级及其响应机制、应急响应措施等方面做了调整。相比2014版《江苏省突发环境事件应急预案》，主要修订内容如下：

"总则"部分，完善了编制目的和依据，调整了预案适用范围，根据国家预案修正了突发事件的定义，调整了工作原则。

"突发环境事件分级标准"，进一步明确了突发环境事件的四个预警等级，突出了饮用水水源地、医院、学校等重点敏感对象。

"监测研判和报告"完善了监测和风险分析的责任主体。

"应急响应"明确了不同预警等级各相关单位的职责，调整了响应分级有关内容，完善了应急响应措施，简化了响应终止条件和程序。

新增"应急保障""后期工作"章节，细化应急保障机制，将环境损害评估工作作为后期工作中的一部分，完善应急预案的流程。

"宣传教育、培训与演练"在宣传教育中加入宣传主管机构的职责。

明确了"责任与奖惩"，在突发环境事件应急工作中，对未按规定履行职责，处置措施不得力，工作中玩忽职守，失职、渎职等行为的工作人员，按照有关法律和规定处理。对在突发环境事件应急处置工作中反应迅速、措施妥当、贡献突出的先进集体和个人给予表彰。

2.《江苏省生态环境厅突发环境事件应急预案》

主要内容包含总则，组织机构及职责，监控预警，信息报告，应急响应，后期处置，应急保障，预案、演练、培训和奖惩，附则9章和4个附件。与《江苏省突发环境事件应急预案》相比区别如下：

"组织机构及职责"方面，完善了应急组织体系，调整了环境应急现场指挥部工作组。

细化"监控预警""信息报告"，明确了预警级别的划分按照生态环境部的规定执行，从发布内容、发布流程、发布渠道等方面细化了预警信息的发布，明确了预警措施，从报告内容、报告渠道、报告流程等方面细化了信息报告与通报相关内容。

将篇幅较大且相对独立的突发环境事件分级标准和省突发环境事件应急指挥中心相关单位职责、应急现场指挥部工作组组成及具体职责作为附件。

3.1.6 应急预案适用范围

预案适用于江苏省行政区域内发生的突发环境事件，以及发生在本省行政区域外，但可能对本省生态环境造成重大影响，需要采取紧急应对措施的突发环境事件应对工作。

预案所称突发环境事件，是指由于污染物排放或自然灾害、生产安全事故等因素，导致污染物等有毒有害物质进入大气、水体、土壤等环境介质，突然造成或可能造成环境质量下降，危及公众身体健康和财产安全，或造成生态环境破坏，或造成重大社会影响，需要采取紧急措施予以应对的事件，主要包括大气污染、水体污染、土壤污染等突发性环境污染事件。

核与辐射事故、空气重污染、太湖蓝藻暴发等应对工作，按照各自相应的应急预案执行。

3.1.7 应急预案管理工作展望

夯实企业突发环境事件应急预案管理的技术基础。修订江苏省企业突发环境事件应急预案编制指南。在有条件的情况下，针对不同行业，编制突发环境事件应急预案范本，为不同类型、不同环境风险等级的企业提供编制模板，提高企业突发环境事件编制的整体水平。

推进应急预案配套产业发展，夯实预案管理工作基础。加强突发环境事件应急预案管理体系是一个系统工作，既要从政府管理部门层面理顺环境应急预案的管理程序，又要推进配套第三方技术力量的增强。

尽快梳理出一套对于环境应急预案编制第三方机构的管理规范，进一步加强对于预案编制单位的管理，提升从业人员的整体素质，将大大提高突发环境事件应急预案的编制质量。通过加强对中介机构的管理，侧面推动预案管理整体工作。

进一步强化企业突发环境事件应急预案编制与备案的政策依据。加快组织实施《中华人民共和国环境保护法》中关于企业环境应急预案备案制度的执行措施，充分运用《中华人民共和国水污染防治法》《中华人民共和国固体废物污染环境防治法》《中华人民共和国突发事件应对法》中关于不按照要求制定应急计划并备案的相关罚则，确保对部分不自觉、主动编制应急预案的企业能够实施相应的强制推动措施。

举一反三，强化环境应急预案管理在环境应急管理中的重要作用。预案管理是"一案三制"体系建设的核心内容。参照最新的《中华人民共和国安全生产法》，进一步细化对于企业环境应急管理的要求，推行企业环境应急管理人员上岗培训制度，增强企业管理人员对于环境应急管理工作，尤其是对于环境应急预案的认识，让企业编制预案从被动行为转变为自觉行为。

3.2 打击环境违法行为系统联动工作机制研究

为切实加强组织领导，进一步提升打击环境违法行为的效率，按照"各司其职、调度有序、行动迅速、协作紧密"的要求，建立环境违法案件联合调查处理机制，加强部门间的衔接耦合，形成责任明确、协同高效的系统联动机制，形成环保工作合力，提高工作效率。

3.2.1 建立系统联动工作机制的主要措施

1. 加强问题线索研判

加强环境违法信息的收集，对中央和省级生态环保督察、领导批示、环境信访、媒体舆情、重大环境事件、日常环境监察等反映的环境违法案件线索进行梳理，完善环境违法行为信息登记制度，建立环境违法线索信息化平台。实行环境违法线索编号终身制管理，统一编号，做到一个问题一个编号，终身不变，形成线索清单。加强媒体舆情信息的甄别，建立企业环境违法信访信息分类分级处理机制，严格环境信访问题核实。

2. 开展案件联合调查

实施环境违法案件分级处理，一般环境违法案件由设区市环保局负责立案调查，重大环境违法案件由执法监督局牵头开展联合调查，特别重大的环境违法案件由省生态环境厅、公安厅为主体，省监察委、法院、检察院、水利厅、住建厅等相关单位为补充的"2+N"模式的省级联合专案调查组开展联合调查。在案件调查阶段，要开展污染现场调查和环境质量监测，全面排查相关企业环境管理和污染治理现状，快速锁定污染源，及时出具检测鉴别意见，为责令企业停产、处罚及公安机关侦办案件提供技术支撑。建立《江苏省生态环境损害赔偿制度改革实施方案》适用范围内环境违法案件生态环境损害鉴定评估制度与生态修复，开展生态环境损害评估，损害评估结果作为行政处罚和司法处理的依据。

3. 依法从严查处

依据环保法及配套办法等法律法规，采用按日计罚、查封扣押、限制生产、停产整治等惩处措施，重拳打击环境违法行为。在调查过程中发现涉嫌犯罪行为的，移送司法机关处理。对拒不整改，拒不履行行政决定的，在法定期限内申请人民法院强制执行；符合条件的，移送公安机关依法对企业直接负责的主管人员和其他直接责任人员予以拘留。落实企业环境问题整改主体责任，限期整改违法问题，对《江苏省生态环境损害赔偿制度改革实施方案》适用范围内环境违法案件实施生态环境损害赔偿，治理修复受损环境。

4. 开展区域系统整治

对具有普遍性、区域污染治理能力不足、涉及环境敏感区域的环境违法案件所在区域，开展系统排查，形成问题清单，指导地方政府制定并实施区域整治方案，重点提升区域污染物收集处理、清洁能源供应、生态环境修复和监测监控等能力。

5. 严格实施监督问责

加强对重大环境违法案件的督察督办，全程跟踪环境违法问题整改及区域整治工作，明晰相关人员责任，对当地政府和相关部门履责不到位的问题进行约谈，采取挂牌督办、区域限批、问责等措施，确保整改落实到位。

6. 不断完善法规标准

开展典型环境违法案例分析总结，健全法律法规和标准规范，提高环境执法能力和水平，建立预防和打击相结合的长效机制，形成"打击一个、震慑一片、提升能力、有效帮扶、齐抓共管、形成合力"的工作格局。

3.2.2 打击环境违法行为系统联动工作机制实施框架（图3.2.1）

1. 建立打击环境违法行为系统联动工作领导小组

领导小组定期或不定期召开会议，对国家和省委、省政府交办的案件、媒体反映的热点案件以及需要上提一级查处的环境违法案件进行联合会商，审定系统联动调查工作方案，全面指挥联合调查行动。

2. 成立重大环境违法案件联合专案调查组

联合专案调查组下设综合协调组、现场调查组、处理处罚组、责任追究组、舆情应对组、监测组、专家组等工作组，由厅监察专员办、执法监督局、监测中心、宣教中心、环科院等部门牵头负责，相关处室参与。联合专案调查组定期或不定期召开会议，及时向系统联动工作领导小组汇报进展情况。

3. 建立系统联动工作运行机制

厅执法监督局、信访办、应急中心和宣教中心等处室和单位提出联动调查工作方案，经系统联动工作领导小组同意后，启动联合调查工作，同时给案发地地方人民政府发送告知函；当联合调查工作进入企业整改、区域整治、治理修复阶段，立即向系统联动工作领导小组请示，结束联合专案调查行动。监察综合处继续跟踪督办环境污染案件的整改与治理，直至销号。参与案件调查的各处室（单位）汇总案件信息，开展终期评估。所有调查处理工作均应在环境违法线索信息化平台流转，案件处理全程留痕，平台建立之前通过纸质文件流转。

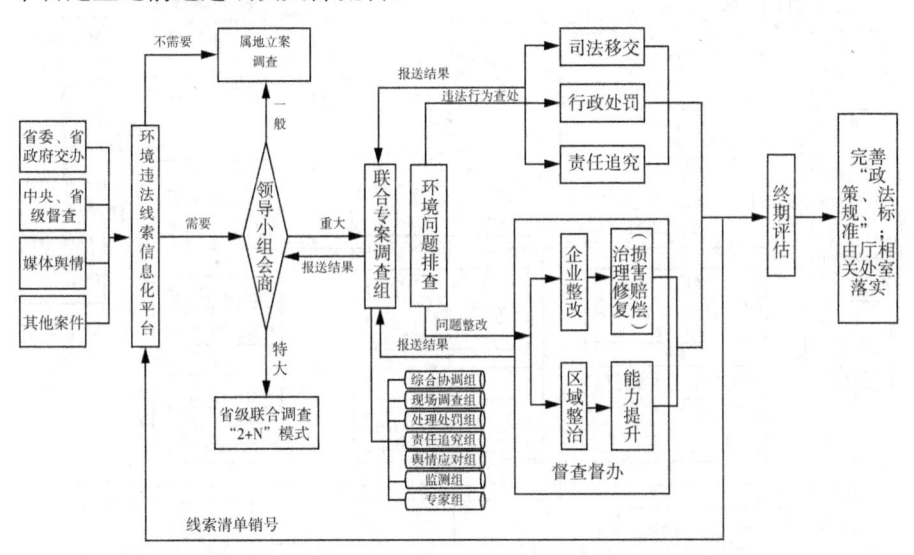

图 3.2.1 打击环境违法行为系统联动工作机制框架图

3.2.3 打击环境违法行为系统联动工作机制实施流程（图3.2.2）

1. 信息处理阶段

主要工作为信息收集和核实。信息来源途径主要分为六种，每种来源的信息具体处理方式为：

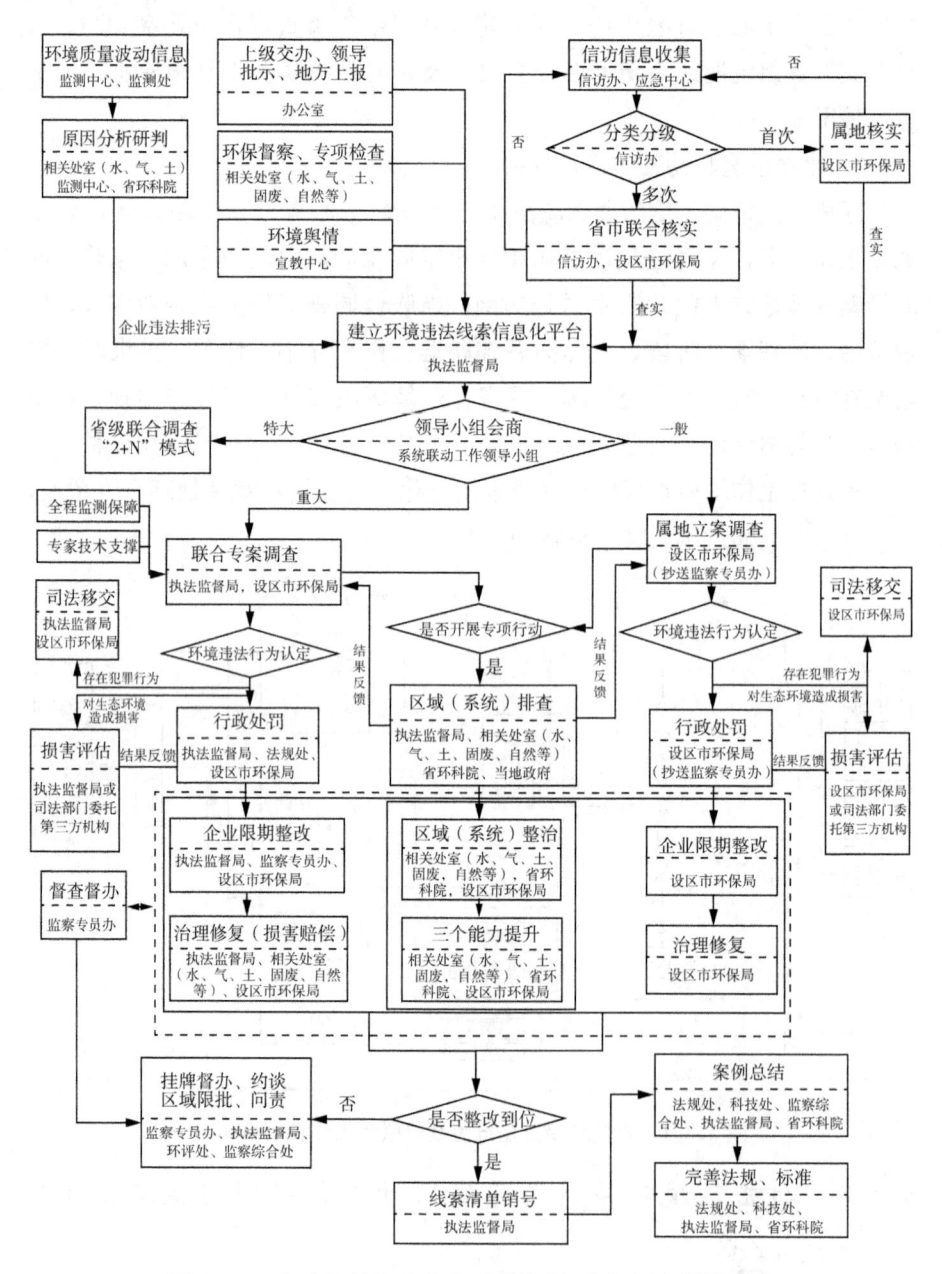

图 3.2.2　打击环境违法行为系统联动工作机制实施流程图

（1）监测中心发现环境质量异常波动或监控中心发现污染源自动监控异

常波动,将信息传至属地县(区)生态环境局,涉及跨界断面、点位的,传上下游生态环境局,同步抄送厅监测处、相关处室(水、气、土)、监察专员办、驻市专员室(驻市专员)及属地市生态环境局。属地生态环境局根据波动信息第一时间赶赴现场排查原因,驻市专员室派员监督,跨界断面、点位出现波动的,监察专员办协调监督现场调查工作。对于区域性、流域性环境质量波动,监测处、相关处室接到信息后同监察专员办、执法监督局、监测中心、环科院、属地生态环境局对波动原因进行初步研判,若可能是企业违法排污造成的,交执法监督局并纳入环境违法线索清单管理。

(2)信访办接到涉及环保事项的群众来信、上访和政府热线等环境信访信息,以及应急中心接到企业环境违法行为的网络和电话投诉后,根据信访事项的重要性、紧急程度等因素进行分类筛选。对反映一般环境问题的信访信息按照国务院《信访工作条例》和《江苏省信访条例》等法规规定,依照法定途径分类转交厅相关部门或交办设区市环保局办理。对省部级领导、厅领导交办的信访案件,易引发群体及个人极端事件的信访案件,省12345平台转来的信访案件立即办理;对经地方生态环境部门核实无环境问题,但群众反复举报的,以及群众反映问题为省厅职能范围的,信访办核实相关信访信息,转交厅相关部门或各监察专员办办理;对由环境污染引发的后续非环保问题的信访案件,或群众反映环境问题属于非环保部门职能范围的重要信访案件,信访办核实相关信访信息后,转各监察专员办交地方人民政府。厅相关部门及各环境监察专员办调查核实后答复信访人,并上报核查结果。经厅相关部门、监察专员办、设区市生态环境局核实的环境违法行为,交执法监督局纳入环境违法线索清单管理。

(3)省部级领导或厅领导交办信访案件、地方上报的环境违法行为信息,交执法监督局纳入环境违法线索清单管理。

(4)中央和省级生态环保督察、日常环境监察、专项检查发现的环境违法行为信息,由相关处室交执法监督局纳入环境违法线索清单管理。

(5)根据环境舆情收集到的环境违法行为信息,由宣教中心交执法监督局纳入环境违法线索清单管理。

(6)根据突发环境事件处置和调查中发现的环境违法行为信息,由应急中心交执法监督局纳入环境违法线索清单管理。

环境违法线索信息纳入线索清单后进入立案调查阶段。

2. 立案调查阶段

主要工作为对违法案件进行分类并调查。执法监督局对线索清单进行初步分类，无须开展联合会商的环境违法线索为一般环境违法案件；须开展联合会商的环境违法线索，由系统联动工作领导小组根据案件性质和影响大小，将案件分为一般环境违法案件、重大环境违法案件和特大环境违法案件，环境问题纳入环境违法线索清单后完成案件等级判定工作。

一般环境违法案件由执法监督局交案件所在地的设区市生态环境局立案调查，同时将案件信息抄送监察专员办。设区市生态环境局向执法监督局报送案件调查结果，抄送监察专员办。在案件调查过程中，设区市生态环境局或司法部门可委托第三方机构对可能造成生态环境损害的违法行为开展生态环境损害评估，损害评估结果作为行政处罚和司法处理的依据。在调查过程中发现涉嫌犯罪行为的，移送司法机关处理。

重大环境违法案件确立后即刻成立联合专案调查组，开展联合调查，如案件特别复杂，报领导小组同意后，适当延长调查期限。在案件调查过程中，联合专案调查组或司法部门可委托第三方机构对可能造成生态环境损害的违法行为开展生态环境损害评估。在调查过程中发现涉嫌犯罪行为的，移送司法机关处理。

特大环境违法案件确立后即刻成立"2＋N"省级联合调查组，由省生态环境厅、省公安厅联合负责，必要时邀请省纪委监委、检察等部门参加，以省级办案为主，一查到底，切实解决特大案件难以查实、难以突破的问题。

调查结束后进入行政处罚、企业整改和问题整治阶段。

3. 行政处罚阶段

主要工作为依法对环境违法行为进行处罚。一般环境违法案件由设区市生态环境局在案件调查结束后，对违法企业进行行政处罚，并在行政处罚决定书发出后将处理方案抄送监察专员办，处罚完成后将处理结果报送执法监督局，同时抄送监察专员办。重大环境违法案件调查结束后，执法监督局、设区市生态环境局对违法企业进行行政处罚。

4. 问题整改阶段

主要工作为企业整改及区域整治。

属地立案调查的环境违法行为，由设区市生态环境局下达整改任务，责令企业限期完成企业违法行为的整改和环境治理修复，并监督落实。原则上整改任务下达后企业制定内部整改方案和环境修复治理方案，及时完成企业内部整改工作，对由企业环境违法行为造成的环境损害进行修复治理。企业整改和环境修复治理工作由设区市生态环境局负责检查落实情况，并将整改结果报执法监督局，在线索清单中"销号"。监察专员办负责督促、检查落实情况。

联合专案调查的环境违法行为，由执法监督局、监察专员办会同设区市生态环境局下达整改任务，责令企业限期完成企业违法行为的整改和环境治理修复，并监督落实。原则上整改任务下达后企业制订内部整改方案和环境修复治理方案，完成企业内部整改工作，对由企业环境违法行为造成的环境损害进行修复治理。企业限期整改和环境治理修复工作由执法监督局、监察专员办会同设区市生态环境局负责检查落实情况，相关处室（水、气、土、固废、自然等）、省环科院、设区市生态环境局提供技术指导。不需要开展区域整治的环境违法问题，整改任务完成后上报系统联动工作领导小组，在线索清单中"销号"。

5. 系统整治阶段

主要工作为系统排查和总结分析问题，促进区域能源和产业结构优化，全面提升"三废"收集、污染治理等环境基础设施水平。实施联合专案调查的环境违法行为，对具有普遍性、区域污染收集和治理能力不足、涉及生态红线和居民集聚区等环境敏感区域，以及其他需要在区域层面进行整治的情况，联合专案调查组在调查结束后对地方人民政府提出区域实施系统整治建议，相关处室（水、气、土、固废、自然等）会同设区市生态环境局，提出区域整治任务要求，指导地方政府开展区域系统排查及整治，地方人民政府在整治工作完成后向系统联动工作领导小组报送整治报告。区域整治任务经监察专员办确认完成后报系统联动工作领导小组，在线索清单中"销号"。

6. 监督问责阶段

主要工作为督促整改及责任落实。监察专员办负责对企业限期整改、治理修复、区域（系统）整治及责任落实情况进行督查，在调查结束后对当地政府和相关部门履责不到位的问题进行约谈，实施挂牌督办、区域限批，提出问责建议。监察综合处负责实施挂牌督办、启动问责程序，环评处负责实施区域限批。需要开展监督问责的环境违法行为，在线索清单"销号"并完成问责后，查处工作结束。

7. 机制完善阶段

机制完善阶段，主要工作为分析总结典型案例，及时查漏补缺，对法律法规和标准规范进行完善。由相关处室（法规处、科技处、监察综合处）会同执法监督局、省环科院组成技术团队，在环境违法问题整改完成后进行总结，分析案件执行和问题整改中存在的制度、标准、规范等问题，并提出优化建议。法律法规的完善由法规处负责组织实施，标准规范的健全由科技处负责组织实施。

3.3 生态环境行政执法与刑事司法衔接机制研究

环境保护行政执法与刑事司法衔接是指生态环境行政执法部门在执法过程中，发现涉嫌环境犯罪案件或案件线索后，依法向刑事司法机关移送查处的工作机制。

环境刑事犯罪不同于传统的人身财产犯罪，环境侵害行为具有复杂性和隐蔽性，相关查处需要具备环境保护专业知识，一般公众不易察觉；环境侵害后果具有公共性和渐进性，环境污染与破坏的因果关系不易判断。因此，环境刑事犯罪案件的查处除了依靠被害人或者其他相关人员的报案、司法机关直接发现线索等方式，更应当特别重视环境行政执法过程中发现的犯罪线索。对于严重侵害环境法律案件，查处的关键在于做好行政执法与刑事司法的实体衔接，即协调环境行政执法与刑事司法在行为构成和处罚方面的规定，将环境行政执法时发现的犯罪行为依法及时移送刑事司法机关立案。

作为生态环境保护的两大抓手，环境行政执法与刑事司法协同配合是有效惩治环境违法犯罪、维护公众健康和推进生态文明建设的有力保障。在生态文明建设和美丽中国建设的时代背景下，推动环境保护行政执法与刑事司法的有效衔接，不仅顺应时代要求，而且对打击环境违法犯罪活动、遏制环境污染也具有重要意义。

3.3.1 生态环境行政执法与刑事司法衔接机制的理论发展

在理论研究层面，国内外学者对环境"两法"衔接机制问题予以高度关注。早在1979年，美国前助理总检察长James Moorman就指出：加强环保署与司法部配合至为重要，没有环保署的协作配合，司法部打击环境犯罪几乎寸步难行。为促进案件移交，美国环保署内部还设置了刑法实施办公室，专门负责环境犯罪案件的调查与移交。Christian Almer提出，加强环境行政执法与刑事司法衔接（以下简称环境"两法"衔接）的关键在于建立环保警察制度，通过环保警察来侦查取证和移交案件。Jale Tosun则认为，证据转换是制约环境"两法"衔接的关键因素，应实现环境行政证据向刑事证据的有效转换。就国内研究而言，以王树义、董邦俊、侯艳芳、赵旭光为代表的学者对环境"两法"衔接问题展开了深入探究，内容涉及案件移送、证据转换、检察监督以及衔接机制的理论基础、域外经验等方方面面，形成了诸多有价值的理论成果。

3.3.2 生态环境行政执法与刑事司法衔接机制的主要构成

环境"两法"衔接机制是一项环境、公安、检察等部门共同参与的双向办案协作机制，以有效追究环境违法犯罪者的法律责任为目标。因此在内容上，环境"两法"机制主要由案件移送机制、证据转化机制、检察监督机制和信息共享机制构成。

1. 案件移送机制（图3.3.1）

案件移送机制是生态环境"两法"衔接机制的核心，是指生态环境执法部门将执法过程中发现的涉罪案件或线索移送刑事司法机关处理的办案机制。

从本质上看，环境"两法"衔接中的案件移送机制是一项双向移送机制，既包含环境执法部门将涉罪案件或线索"正向移送"至刑事司法机关，也包括刑事司法机关将案件"反向移送"给环境执法部门。其中，"正向移送"是案件移送的正常形态，主要是指生态环境部门将行政执法中发现的涉罪案件或线索依法移送至刑事司法机关。但是，若刑事司法机关在审查移送来的案件后，发现该案件不构成犯罪或不需要追究刑事责任，但需要追究行政责任的，应将案件移送给生态环境执法部门处理，此即环境犯罪

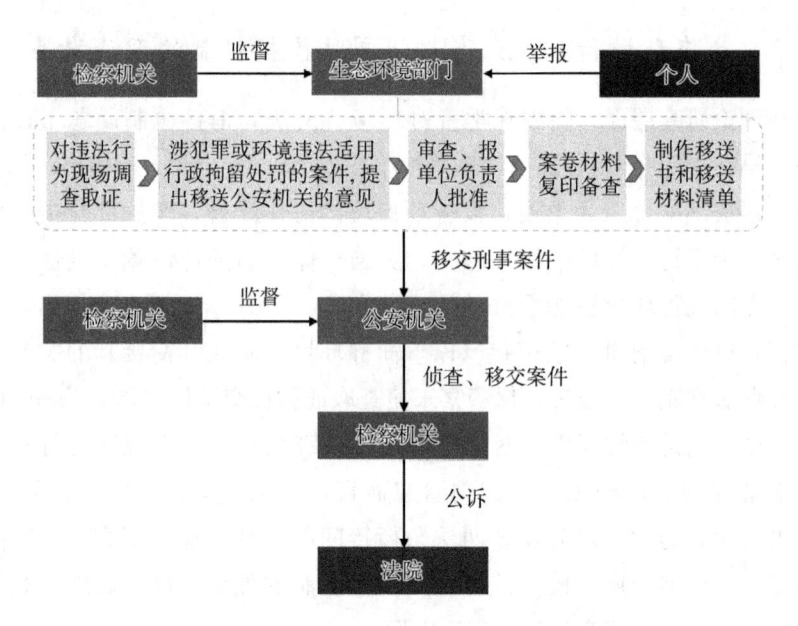

图 3.3.1　环境刑事案件受理移送流程图

案件的"反向移送"。在环境"两法"衔接实践中，案件"反向移送"具体分为两种情形：第一，刑事司法机关在接受移送案件并审查后，发现该案件不构成犯罪或不需要追究刑事责任，但需要追究行政责任的，应当移送生态环境执法部门处理；第二，刑事司法机关受理公民、其他组织举报的涉罪案件后，发现该案件不构成犯罪或不需要追究刑事责任，但需要追究行政责任，同样应当移送至环境执法部门。由此可见，生态环境"两法"衔接中的案件移送机制是一项双向互动的移送机制，旨在依法追究环境违法犯罪者的法律责任。

生态环境行政执法部门在查办环境违法案件过程中，发现涉嫌环境犯罪案件，应当核实情况并作出移送涉嫌环境犯罪案件的书面报告。决定移送后24小时内向同级公安机关移交案件材料，并将案件移送书抄送同级人民检察院；决定不移交，应当将不予移交的理由记录在案。向公安机关移送涉嫌环境犯罪案件时，应当附下列材料：

（1）案件移送书。载明移送机关名称、涉嫌犯罪罪名及主要依据、案件主办人及联系方式等。附移送材料清单并加盖移送机关公章。

（2）案件调查报告。载明案件来源、查获情况、犯罪嫌疑人基本情况、涉嫌犯罪的事实、证据和法律依据、处理建议和法律依据等。

（3）现场检查（勘查）笔录、调查询问笔录、现场勘验图、采样记录单、现场照片或者录音录像资料及清单等。载明需证明的事实对象、拍摄人、拍摄时间、拍摄地点等。

（4）涉案物品清单。载明已查封、扣押等采取行政强制措施的涉案物品名称、数量、特征、存放地等事项，并附采取行政强制措施、现场笔录等表明涉案物品来源的相关材料。

（5）监测、检验报告、突发环境事件调查报告、认定意见。

（6）其他有关涉嫌犯罪的材料。

对环境违法行为已经作出行政处罚决定的，还应当附行政处罚决定书。

公安机关自接受生态环境行政执法部门移送的涉嫌犯罪案件之日起3日内，对所移送的案件进行审查。认为有犯罪事实，需要追究刑事责任，依法决定立案的，应当书面通知移送案件的行政执法机关；认为没有犯罪事实，或者犯罪事实显著轻微，不需要追究刑事责任，依法不予立案的，应当说明理由，并出具《不予立案通知书》书面通知移送案件的行政执法机关，退回相应案卷材料。

生态环境行政执法部门对公安机关决定立案的案件，应当自接到《立案告知书》之日起3日内将涉案物品以及与案件有关的其他材料移交公安机关，对于证据不充分的案件及时补充调查，并办结交接手续；对公安机关决定不予立案的案件，认为依法应当由公安机关决定立案的，可以自接到《不予立案通知书》之日起3日内，提请作出不予立案决定的公安机关复议，也可以建议人民检察院依法进行立案监督；对公安机关决定不予立案的案件或有违法行为但没有犯罪事实或犯罪事实显著轻微不需要追究刑事责任的案件，依法追究行政责任。

由此可见，生态环境"两法"衔接中的案件移送机制是一项双向互动的移送机制，旨在依法追究环境违法犯罪者的法律责任。

2. 证据转化机制

证据转化机制是指将生态环境执法部门在行政执法和查办案件过程中收集制作的证据转化为刑事证据的工作机制。生态环境行政证据向刑事证据转化的学理基础是证据的客观关联性。在内容上，证据转化机制主要包含各类环境行政证据的转化机制，即实物证据转化机制、言词证据转化机制与联合执法证据转化机制，同时也包括刑事司法机关对证据转化的审查机制。证据转化机制主要涉及环境执法部门、环境监测机构、环境监察机构、鉴定机构、公安机关与检察机关等多个部门，各职能部门或技术部门在证据转化机制的运行中扮演不同的角色，其共同目标在于确保环境行政证据与刑事证据的衔接与转化，从而有效追究环境违法犯罪者的法律责任。由于证据转化在环境"两法"衔接中发挥重要作用，因此证据转化机制是环境"两法"衔接机制的重要构成部分。

3. 检察监督机制

环境"两法"衔接机制的有序运转离不开检察机关的有效参与和监督。所谓检察监督机制，是指检察机关对环境执法部门移送案件以及公安机关立案实施检察监督的内容、功能及其工作原理。准确理解环境"两法"衔接中检察监督机制的内涵，需明确监督主体、监督对象与监督方式。从监督主体上看，检察监督的实施主体无疑是各级检察机关。作为国家法律监督机关，各级检察机关有权对环境执法部门移送以及公安机关接受案件的行为实施法律监督，借由检察权来监督制衡行政权。从监督对象上看，检察监督的监督对象主要是环境执法部门与公安机关。在环境"两法"衔接过程中，检察机关的监督对象主要是环保部门与公安机关，监督其在案件调查取证与案件移交中是否依法行使职权。从监督方式看，检察机关实施监督的方式有派员查询、调阅案卷、检察意见与要求说明不立案理由。从环境"两法"衔接检察监督实践看，检察意见与要求说明不立案理由两种方式常常被检察机关使用，尤其是检察意见，该监督方式已成为检察机关对环境执法部门移送的案件实施监督的重要依据。

4. 信息共享机制

除案件移送机制、证据转化机制、检察监督机制外，信息共享机制也是环境"两法"衔接机制的重要构成。案件信息是环境"两法"衔接的重要介质，也是检察机关对案件移交过程实施监督的重要因素。环境"两法"衔接中的案件信息主要包括：环境执法部门收集固定与保存的证据、涉案当事人的情况、环境污染危害的情况、涉罪案件移送与交接负责人员的信息、案件办理进展情况等，这些信息是否得到公开与交互将直接影响着环境"两法"的衔接效果，也直接影响着检察机关能否及时介入展开监督。实践中，生态环境执法部门掌握着大量环境污染案件的执法信息，若生态环境执法部门不主动公开或不全面公开其掌握的信息，检察机关将难以对其实行监督。基于此，环境"两法"衔接机制建设的重要任务是完善信息共享机制，确保环境执法部门、公安机关与检察机关共享案件信息，将环境执法部门移送案件与公安机关受理案件的全过程暴露在检察监督的阳光之下，防止生态环境执法部门有案不移与公安机关有案不接。

3.3.3 生态环境行政执法与刑事司法衔接机制的制度实践

近年来，党和国家对环境"两法"衔接工作高度重视。2014年1月7日，习近平总书记在中央政法工作会议上指出，在环境保护等领域，行政执法和刑事司法存在某些脱节，一些涉嫌犯罪的案件止步于行政执法环节。为贯彻落实习近平总书记的重要讲话精神，2015年4月和9月，中共中央、国务院先后印发的《关于加快推进生态文明建设的意见》和《生态文明体制改革总体方案》均明确提出健全行政执法与刑事司法衔接机制，以有效打击环境违法犯罪。2018年12月4日，中共中央办公厅、国务院办公厅印发《关于深化生态环境保护综合行政执法改革的指导意见》，再次重申建立完善行政执法和刑事司法衔接机制，足见党和国家对环境"两法"衔接机制建设的重视，以及借此打击环境违法犯罪与保障生态文明建设的决心。

为更好地指导环境保护行政执法与刑事司法衔接的实践，国家先后颁布了《关于加强行政执法与刑事司法衔接工作的意见》（中办发〔2011〕8号）和《环境保护行政执法与刑事司法衔接工作办法》（环环监〔2017〕17号），对案件移送与法律监督、证据的收集与使用、协作机制、信息共享等做出相应规定，旨在协调环境部门、公安机关与检察机关的工作，增强不同部门的协同联动能力，以实现有效破解环境保护领域"有案不立、有案难移、以罚代刑"的难题，同时也为生态环境行政执法与刑事司法有效衔接机制的构建提供指引。

为进一步提升依法惩治环境污染犯罪的成效，加大环境司法保护力度，有效保护生态环境，国务院及其环境行政管理部门、司法机关主体部门近年来单独或者联合出台和发布了系列环境司法相关规章办法和解释，比如《最高人民法院关于审理环境民事公益诉讼案件适用法律若干问题的解释》《最高人民法院关于审理环境侵权责任纠纷案件适用法律若干问题的解释》《环境保护行政执法与刑事司法衔接工作办法》等，从环境案件移交程序、监督办法、审理规范等方面做出精细化规范和说明。为便于司法实践中正确理解和适用，最高人民法院、最高人民检察院就环境污染犯罪三次出台《关于办理环境污染刑事案件适用法律若干问题的解释》，对环境污染犯罪的定罪量刑标准和有关法律适用问题做了明确，包括环境污染犯罪相关术语的界定、污染环境罪的定罪量刑标准、其他环境污染犯罪的定罪量刑标准、单位实施环境污染相关犯罪的定罪量刑标准、环境污染共同犯罪的处理规则、环境污染关联犯罪的法律适用、监测数据的证据资格、环境污染专门性问题的认定等。对于强化环境司法保护，推进生态文明建设，发挥了重要作用。环境行政执法与刑事司法衔接相关规范性文件和司法解释见表3.3.1。

表3.3.1 环境行政执法与刑事司法衔接相关规范性文件和司法解释

序号	文件名称	文号	发布时间	施行时间
（一）规范性文件				
1	《关于加强行政执法与刑事司法衔接工作的意见》	中办发〔2011〕8号	2011年2月9日	2011年2月9日
2	《环境保护行政执法与刑事司法衔接工作办法》	环环监〔2017〕17号	2017年1月25日	2017年1月25日
3	《关于办理环境污染刑事案件有关问题座谈会纪要》	高检会〔2019〕3号	2019年2月20日	2019年2月20日
4	《国务院关于修改〈行政执法机关移送涉嫌犯罪案件的规定〉的决定》	中华人民共和国国务院令第730号	2020年8月7日	2020年8月7日
（二）司法解释				
1	《最高人民法院关于审理环境污染刑事案件具体应用法律若干问题的解释》	法释〔2006〕4号	2006年7月21日	2006年7月28日
2	《最高人民法院 最高人民检察院关于办理环境污染刑事案件适用法律若干问题的解释》	法释〔2013〕15号	2013年6月17日	2013年6月19日
3	《最高人民法院关于审理环境民事公益诉讼案件适用法律若干问题的解释》	法释〔2015〕1号	2015年1月6日	2015年1月7日
4	《最高人民法院关于审理环境侵权责任纠纷案件适用法律若干问题的解释》	法释〔2015〕12号	2015年6月1日	2015年6月3日
5	《最高人民法院 最高人民检察院关于办理环境污染刑事案件适用法律若干问题的解释》	法释〔2016〕29号	2016年12月23日	2017年1月1日
6	《最高人民法院关于审理海洋自然资源与生态环境损害赔偿纠纷案件若干问题的规定》	法释〔2017〕23号	2017年12月29日	2018年1月15日
7	《最高人民法院关于审理生态环境损害赔偿案件的若干规定（试行）》	法释〔2019〕8号	2020年12月29日	2021年1月1日

续表

序号	文件名称	文号	发布时间	施行时间
8	《最高人民法院 最高人民检察院关于人民检察院提起刑事附带民事公益诉讼应否履行诉前公告程序问题的批复》	法释〔2019〕18号	2019年11月25日	2019年12月6日

3.3.4 江苏省生态环境行政执法与刑事司法衔接机制建设情况

江苏省高级人民法院在探索环境资源集中管辖和专业化审理上一直走在时代的前列。早在2008年，无锡市中级人民法院成为全国首家设立了环境资源审判庭的中级人民法院。2013年12月17日，江苏省高级人民法院发布《关于确定全省资源环境集中审判基层人民法院的通知》，明确由指定的基层人民法院承担指定区域内的资源环境案件"三审合一"的集中审判任务。南京市也于2014年10月出台《关于健全行政执法和刑事司法衔接机制的实施意见》，成立"两法衔接联席会议办公室"（设在政府法制机构），将环境保护领域作为执法司法的重点领域，要求进一步明确行政执法机关和司法机关之间移送案件的标准，构建行政执法和刑事司法衔接沟通保障机制，推进行政执法和刑事司法衔接信息共享平台建设，充分发挥监督考评作用。紧接着，2016年11月，江苏省高级人民法院出台《江苏省高级人民法院关于指定徐州铁路运输法院集中管辖环境资源类案件的通知》。2018年7月，江苏省高级人民法院发布《江苏省高级人民法院关于生态环境损害赔偿诉讼案件的审理指南》。2019年1月，江苏省高级人民法院又发布了《江苏省高级人民法院关于设立环境资源法庭并跨区域管辖环境资源案件的通知》，创新性地提出了以生态功能区为单位设立环境资源法庭，确立"9＋1"的环境资源审判机制。即以江苏高院环境资源审判庭为指导、南京环境资源法庭为核心、9个生态功能区法庭为依托的环境资源集中管辖审判体系（详见表3.3.2）。

"9＋1"机制运行后，江苏省高级人民法院环境资源法庭、南京环境资源法庭指导各生态功能区环境资源法庭积极探索生态破坏有效预防机制，广泛利用现有经验、网络，与自然资源主管部门、公安机关等加强协调，积极探索奖励制度，有效调动社会公众的积极性，实现环境保护群防群治。此外，江苏多个基层法院亦结合本地实际与区域内多个部门加强协作，探索建立环境保护协同机制。

表 3.3.2 江苏省高级人民法院关于环境资源案件集中管辖的规定

规定名	一审管辖法院	管辖范围（地域/级别）	二审管辖法院
《江苏省高级人民法院关于设立环境资源法庭并跨区域管辖环境资源案件的通知》（苏高法〔2019〕16号）	南京铁路运输法院设立西南低山丘陵区域环境资源法庭	南京市、句容市应当由基层人民法院审理的第一审环境资源刑事、民事、行政案件（包含环境行政公益诉讼案件、刑事附带民事公益诉讼案件，环境资源行政案件中的涉土地行政管理案件暂不纳入）	无特殊规定
	苏州市姑苏区人民法院设立太湖流域环境资源法庭	苏州市（不含太仓市、张家港市、常熟市）、宜兴市、无锡市滨湖区、无锡市新吴区、常州市武进区应当由基层人民法院审理的第一审环境资源刑事、民事、行政案件（含环境行政公益诉讼案件、刑事附带民事公益诉讼案件，环境资源行政案件中的涉土地行政管理案件暂不纳入）	无特殊规定
	江阴市人民法院设立长江流域环境资源第一法庭	无锡市（不含宜兴市、无锡市滨湖区、无锡市新吴区）、太仓市、张家港市、常熟市、常州市（不含武进区）、镇江市（不含句容市）应当由基层人民法院审理的第一审环境资源刑事、民事、行政案件（含环境行政公益诉讼案件、刑事附带民事公益诉讼案件，环境资源行政案件中的涉土地行政管理案件暂不纳入）	无特殊规定
	如皋市人民法院设立长江流域环境资源第二法庭	南通市（不含启东市、如东县）、扬州市、泰州市应当由基层人民法院审理的第一审环境资源刑事、民事、行政案件（含环境行政公益诉讼案件、刑事附带民事公益诉讼案件，环境资源行政案件中的涉土地行政管理案件暂不纳入）	无特殊规定
	淮安市洪泽区人民法院设立洪泽湖流域环境资源法庭	淮安市（不含淮阴区、涟水县），泗洪县、泗阳县应当由基层人民法院审理的第一审环境资源刑事、民事、行政案件（含环境行政公益诉讼案件、刑事附带民事公益诉讼案件，环境资源行政案件中的涉土地行政管理案件暂不纳入）	无特殊规定
	东台市人民法院设立黄海湿地环境资源法庭	盐城市（不含滨海县、响水县）、启东市、如东县应当由基层人民法院审理的第一审环境资源刑事、民事、行政案件（含环境行政公益诉讼案件、刑事附带民事公益诉讼案件，环境资源行政案件中的涉土地行政管理案件暂不纳入）	无特殊规定
	灌南县人民法院设立灌河流域环境资源法庭	连云港市，滨海县、响水县，淮安市淮阴区、涟水县应当由基层人民法院审理的第一审环境资源刑事、民事、行政案件（含环境行政公益诉讼案件、刑事附带民事公益诉讼案件，环境资源行政案件中的涉土地行政管理案件暂不纳入）	无特殊规定

续表

规定名	一审管辖法院	管辖范围（地域/级别）	二审管辖法院
《江苏省高级人民法院关于设立环境资源法庭并跨区域管辖环境资源案件的通知》（苏高法〔2019〕16号）	徐州铁路运输法院设立淮北丘岗区域环境资源法庭	徐州市（不含新沂市）应当由基层人民法院审理的第一审环境资源刑事、民事、行政案件（含环境行政公益诉讼案件、刑事附带民事公益诉讼案件，环境资源行政案件中的涉土地行政管理案件暂不纳入）	徐州市中级人民法院
	宿迁市宿城区人民法院设立骆马湖流域环境资源法庭	宿迁市（不含泗洪县、泗阳县）、新沂市应当由基层人民法院审理的第一审环境资源刑事、民事、行政案件（含环境行政公益诉讼案件、刑事附带民事公益诉讼案件，环境资源行政案件中的涉土地行政管理案件暂不纳入）	无特殊规定
《江苏省高级人民法院关于生态环境损害赔偿诉讼案件的审理指南（一）》（苏高法电〔2018〕518号）	生态环境损害行为地、损害结果地或者被告住所地的中级人民法院	生态环境损害赔偿诉讼案件	无特殊规定
	江苏高院	在全省范围内有重大影响的生态环境损害赔偿诉讼案件	无特殊规定

其中，如皋市人民法院探索构建具体的跨区域全方位司法协同保护机制，建立"如皋·崇川"跨区域野生动物协同保护框架机制；灌南县人民法院借助与公安机关的互动机制，构建破坏野生动物资源线索举报奖励机制，探索生态修复金、生态资源损害赔偿金多种利用方式，将非法狩猎者赔偿的生态资源损失赔偿款纳入公安机关110涉野生动物犯罪举报平台奖励款，以鼓励社会公众积极参与野生动物保护工作。玄武区人民法院联合高淳区检察机关、公安机关、农业农村局制定《关于建立非法捕捞水产品案件协作机制的意见》，充分发挥各部门职能优势，完善渔业资源行政执法、刑事司法、检察公益诉讼等职能衔接，切实保护水生态环境和资源。

为充分发挥江苏环境资源审判"9+1"机制在护航"长江保卫战"中的重要作用，江苏省高级人民法院发布《关于长江流域重点水域非法捕捞刑事案件审理指南》。为依法惩治长江流域重点水域非法捕捞犯罪，保障长江流域禁捕工作顺利进行，保护长江流域生态安全，根据《中华人民共和国刑法》《中华人民共和国水法》《中华人民共和国渔业法》等法律和相关司法解释规定，结合全省审判工作实际，对长江流域非法捕捞刑事案件的量刑原则进行明确细化，以零容忍的态度严厉打击非法捕捞犯罪活动，为打赢长江流域禁捕攻坚战，促进长江流域生态环境修复提供有力司法服务和保障。

"9+1"机制遵循了山水林田湖草系统保护的科学路径，打破了行政区划的制约，集聚了环境资源审判队伍，形成了中国独特的创新性环境资源审判体系，对于探索建立具有中国特色、引领时代潮流的司法运行新机制，诠释中国生态环境司法理念，贡献环境治理"中国经验"，引领全球司法共同发挥环境治理作用具有十分重要的推动作用。2017年以来，江苏省环境刑事案件数量趋于稳定（图3.3.2），环境污染犯罪的发案态势与生成机理逐渐清晰，这与"9+1"机制下环境执法与司法力度的强强联动密不可分。

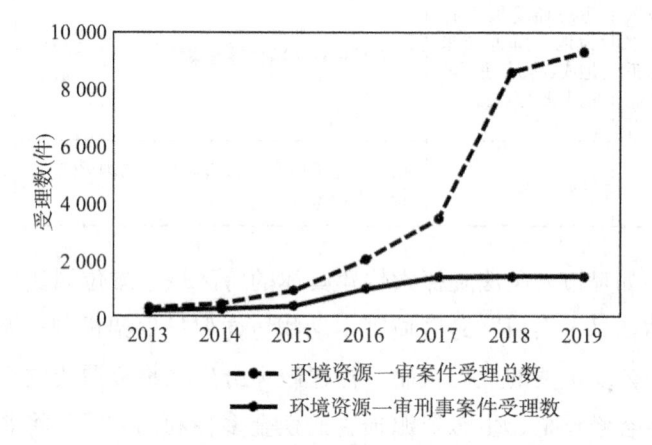

图3.3.2　2013—2019年江苏省环境资源一审案件（刑事）受理数量
数据来源：《江苏省环境资源审判白皮书》（2013—2019）

3.3.5　江苏省生态环境行政执法与刑事司法衔接机制存在的问题

近年来，各地生态环境部门与刑事司法机关在行刑衔接各环节通力协作，保持打击生态环境领域违法犯罪高压态势，对犯罪分子起到了巨大的震慑作用。然而，随着生态环境工作任务的日益繁重与涉及领域的不断扩大，生态环境部门执法超负荷运行情况已极其严重，生态环境领域行刑衔接存在局部不畅的情况。一是在证据固定方面。行政执法和刑事司法对证据的要求存在差异，行政执法中获取的某些证据转化为司法证据存在一定困难，双向咨询和技术支持仍显短缺。二是在司法鉴定方面。各地普遍存在鉴定机构少、费用高、周期长等问题，而当前的环境资源犯罪案件侦办又存在过度依赖鉴定意见的倾向，这造成定罪量刑缺乏核心证据支撑。三是在调查取证方面。生态环境部门在对涉刑线索进行调查取证时，缺乏必要的强制性手段和措施，难以快速、有效、精准地全面掌握环境污染犯罪资料。

3.3.6 江苏省生态环境行政执法与刑事司法衔接机制完善路径

1. 调适案件移接标准

环境执法部门移送案件标准与公安机关立案标准难以对接，是环境"两法"衔接不畅的主要因素。详言之，生态环境部门移送案件标准为"涉嫌构成犯罪，依法需要追究刑事责任"，公安机关立案的标准为"有犯罪事实，需要追究刑事责任"，对比后不难发现，移送标准与立案标准几乎等同。事实上，要求环境执法部门证明某一环境违法行为"涉嫌构成犯罪"，这无疑是一项极具挑战性的任务。将移送标准等同于立案标准还可能造成如下严重后果，即"变相让行政执法部门代行侦查职能，公安机关仅仅成为移送案件的'二传手'"，同时也严重弱化刑事司法机关对移送案件的审查义务。为实现环境犯罪案件的有序移送，环境执法部门的移送标准与公安机关的立案标准亟须协调与对接。

在制度设计层面，首先，应当适当降低环境执法部门移送案件的标准，使移送标准适度低于刑事立案标准。案件移送标准与立案标准应当呈现"前宽后窄"布置，申言之，移送案件的标准应当放宽，即环境执法部门在移送案件时只需有合法证据证明有犯罪事实发生而不必查证属实，此时就可将案件移送刑事司法机关；与此同时，刑事司法机关的立案标准应当收严，主要原因在于刑事司法机关对环境执法部门移送而来的案件负有审查义务，唯有达到刑事追诉标准的才能立案侦查，才能启动下一环节的刑事责任追究程序。事实上，按照案件移送的一般规律以及追责的难易程度，也应当适度降低案件移送的标准，使案件调查、移送、立案、追责呈现出一个"漏斗式"过程，确保每一个案件追诉环节都有相应部门进行把关，如此才能更好地层层推进案件移送。其次，应当细化案件移送标准，为生态环境部门移送案件提供明确、统一、规范的指引，具体可通过发布指导性案例或者编制案件移送指南的方式实现案件移送标准的细化。概言之，在调适案件移送标准与立案标准时，既要确保移送标准适当低于立案标准，又要通过各种方式来细化与明晰移送标准，为环境执法部门移送案件提供规范指引。

2. 健全证据转化规则

尽管行政执法证据可以转化为刑事证据，但并不意味着所有的环境行政证据均可顺利转化为刑事证据。从规范层面看，实物证据的转化有明确依据，但言词证据与联合执法证据的转化则于法无据，导致这些证据在环境"两法"衔接实践中难以作为刑事证据使用，因此亟须健全证据转化及其审查规则。

第一，构建证据"分类转化"规则。一方面，建立言词证据补强转化规则。所谓补强转化规则，是指言词证据一般不允许转化，但有其他证据相互印证的情况下，可以结合其他证据来认定言词证据的刑事证据能力，使其更好地在刑事司法中适用。若环境执法部门、公安机关等国家机关出具书面意见认定或佐证上述两类言词证据的客观性和真实性的，或者言词证据在客观上难以重新收集或无法重新收集，但有其他证据相印证的，只要满足以上条件之一，就可将环境行政执法中收集的言词证据转化为刑事证据。另一方面，构建联合执法证据直接转化规则。联合执法证据由生态环境部门与刑事司法机关共同收集，抑或是在刑事司法机关的协助下由环境执法部门单独收集。正是因为有刑事司法机关的参与，联合执法证据的证明力一定程度上已得到刑事司法机关的默认，取证规范也一定程度上遵循了刑事取证规范，若这些证据在证据形式或证明力上没有太大瑕疵，无疑可直接作为刑事证据使用。

第二，完善证据转化审查规则。为确保刑事司法机关能够洞悉证据转化，避免非法行政证据进入刑事司法领域，必须完善证据转化审查机制，尤其是明晰证据审查主体与审查标准。一方面，明确证据审查的主体。从现行立法看，目前公安机关、检察机关、人民法院均可作为证据审查的主体，但在环境"两法"衔接之证据转化中，由于证据尚处在环境执法部门移送与公安机关接收阶段，因此人民法院并不是此阶段的证据转化审查主体。换句话说，环境"两法"衔接之证据转化中的审查主体为公安机关与检察机关。另一方面，确立形式审查和实质审查并重标准。证据审查不仅要对证据作形式审查，还要进行实质审查。公安机关和检察机关在审查证据时，首先考察环境行政证据的收集方式是否符合刑事证据取证规范以及证据形式，还要审查证据的证明力，即科学审查和评估证据能否证明特定事实，若不能证明环境犯罪案件中的特定事实，则意味着环境行政证据缺乏刑事证明力，不能转化为刑事证据。

3. 强化检察监督效果

检察监督是督促环境执法部门移送案件和公安机关立案的有效方式。为进一步强化环境"两法"衔接的检察监督，可从以下两方面着手：

一方面，强化违反检察监督的法律责任。检察意见与要求说明不立案理由是检察机关对生态环境部门移送与公安机关立案实施检察监督的主要方式，但这两项监督方式在实践中难以取得应有效果，亟须通过制度设计强化检察监督。就检察意见而言：第一，提升检察意见的立法层级，将"检察机关可对行政执法机关移送与公安机关立案提出检察意见"写入《中华人民共和国刑事诉讼法》中，使检察意见的适用具有充分法律依据；第二，明确违反检察意见的法律后果，譬如检察机关提出两次检察意见后，环境执法部门或公安机关仍不遵守的，可建议相关部门追究行政责任或廉政责任。就要求说明不立案理由而言，建议在《中华人民共和国刑事诉讼法》中明确公安机关不依法说明理由的法律责任，具体可作如下设计：若公安机关拒不说明或怠于说明不立案的理由且情节严重的，检察机关可视情况建议相关部门（如监察机关）对公安机关追究行政责任甚至廉政责任。

另一方面，明晰检察机关提前介入的范围与方式。提前介入是检察机关行使法律监督权的重要方式，有助于督促案件移送、引导调查取证。但目前，检察机关提前介入的范围、方式和边界均存在模糊之处，亟须予以明晰。对于检察机关提前介入的案件范围，应当限定为重大、疑难、敏感、社会影响较大的环境犯罪案件。由于受人力、物力、财力等条件所限，检察机关不可能对所有涉嫌环境犯罪案件的交接展开监督，也并不是所有的涉嫌环境犯罪的案件都需要检察机关的监督，应当明确监督重点和监督内容。对于检察机关提前介入的方式，既允许环境执法部门"商请介入"，也允许检察机关"主动介入"。为更有效地实施检察监督，应当既允许生态环境部门"商请介入"，又允许检察机关"主动介入"。这样做的好处在于：其一，"商请介入"可真正解决环境执法部门执法过程中遇到的案件定性、信息收集与保存等难题；其二，若环境执法部门有隐瞒案情和以罚代刑嫌疑的，检察机关可通过"主动介入"予以纠正并督促其及时移送案件。关于检察机关提前介入的边界，应当明确检察机关不得干预正常的生态环境部门行政执法与公安部门立案侦查，严格限定检察机关提前介入权的行使边界。总之，检察机关提前介入应遵循"依法、适时、适度"介入原则，同时应明确提前介入权的行使边界，避免检察权凌驾于行政权与司法权之上。

4. 推进案件信息共享

为避免环境"两法"衔接出现"信息不对称"现象，应当建立健全案件信息共享机制，尤其是加强信息共享平台建设。关于信息共享平台的作用，有学者曾指出，"如果说行政执法与刑事司法常常是一座座'信息孤岛'，那么，信息共享平台无疑在各级行政执法机关与公安、检察机关之间架起了一座桥梁"。当前，国家及地方省市在信息共享平台建设上已取得显著成效，不仅有效助推了环境案件移交与承接，也方便了检察机关实施法律监督。但现实中，信息共享平台仍存在信息共享范围不清、信息录入时限模糊、录入标准不明以及相关责任追究规则缺失等问题。2017年《环境保护行政执法与刑事司法衔接工作办法》的出台，一定程度上明确了信息共享范围、录入时限等内容，但信息录入标准、不依法录入信息的责任则未予明确。完善信息共享机制，应当明确信息录入内容、录入标准与不依法录入的法律责任。具体而言，信息录入的内容应当包括案由、基本案情、移送依据和理由、移送文书及其编号、案件调查报告、物品清单等。在相关责任追究上，对于不及时、不全面录入信息的责任者，"应当根据后果严重程度追究相关机关直接责任人和主管人员的行政纪律责任乃至刑事责任"。与此同时，为督促环境执法部门与刑事司法机关及时录入案件信息，可将信息录入情况纳入考核，以真正督促相关部门录入并共享案件信息。

3.4 环保信访与舆论监督机制研究

3.4.1 环保信访与舆论监督机制现状和背景

近年来，随着转型期社会矛盾的日益凸显和公众环境保护意识的日渐增强，我国环境群体性事件呈现高发、频发态势，并已成违纪违法征地拆迁、劳资纠纷之后备受社会关注的第三大群体性事件。群体性事件的处理方式需要从多角度、多层次进行。不能仅仅依靠政府、社会媒体等力量，需要更多部门、更多群体参与其中共同处理群体性事件，最重要的就是通过互联网建立网络舆情监控机制。现代群体性事件传播速度快、传播范围广，正是由于互联网的普及，而舆情处理又追求"短、平、快"，因此，为了快速达到预防性监督的效果，有必要完善网络舆情监督制度。根据法律规定，监督权是公民的基本权利，网络舆论的快速扩散，尤其以发布内容为主要观点的讨论观点会迅速占领大多数公民的认知，在没有认定客观事实的基础上进行肆意的评论、指责乃至诋毁谩骂，会严重损害政府公权力机关在公民心中的公信力。

2019年1月3日国务院办公厅发布《国务院办公厅关于全面推行行政执法公示制度执法全过程记录制度重大执法决定法制审核制度的指导意见》，致力于推进行政执法透明、规范、合法、公正，完善执法程序、加强执法监督。随着数据媒体时代的发展，人们逐渐意识到利用舆论效应来引发社会关注，进而对相关执法部门进行监督。

在环境执法中，政府是环境执法的核心主体，企业是环境执法对象，公众是环境执法的最终受益者兼执法的参与者。三者应该是互相帮助、互相监督、互利互惠的和谐关系，由政府环境保护职能部门主导，将权力充分下放给各地区具体环境执法机构，在较小的行政区域内定期组织企业和公众进行会谈，环境执法机构参与其中，企业就建设项目的配套环保设施的使用维修情况、污染物排放情况和企业项目扩展方向的可行性规划等，向公众做出详细的说明；公众根据一段时期社区受影响范围内与空气、水质等数据相关的状况向企业提出合理的诉求或改正意见；政府环境执法机构综合二者的情况给予当面协调或对重大问题解决制定详细可行的方案。环境监管中政府、企业、公众关系如图3.4.1所示。

在参与环境监督与保护的过程中，环境信访是公众利用舆情行使环境监督权的一种重要内容形式。公民、法人或者其他组织采用书信、电子邮件、传真、电话、走访等形式，向各级生态环境行政主管部门反映环境保护情况，提出建议、意见或者投诉请求，依法由生态环境行政主管部门进行处理。环境信访工作不仅是环境保护工作的重要组成部分，也是生态环境主管部门听取群众环境保护呼声、了解公众环境保护要求的重要渠道，是帮助群众解决实际问题，对群众进行环境保护宣传、教育和引导的重要手段。

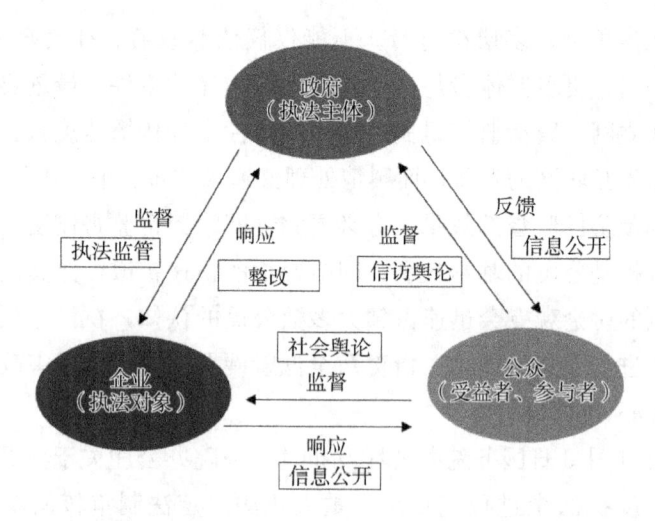

图 3.4.1　环境监管中政府、企业、公众关系

通过环保信访举报参与环境执法，公众可以及时将对环境的要求告知生态环境部门，为环境执法部门与公众之间提供了信息交流平台，在此基础上加强理解沟通，共同寻找对策，有利于环境执法过程中充分运用人文关怀和心理疏导的办法，化解双方矛盾，消除公众对环境问题的积怨，把环境问题解决在初期阶段，避免群体性上访事件的发生。由于行政执法所做出的具体行政行为是以限制、制裁相对人的权益，维护公共利益为目的，行政执法者具有一定的公权力，在这样的情况下，执法就需要受到公众的监督。公众参与环境执法，也是对环境执法者的执法监督，从而提高环境执法者的素质和水平，避免执法犯法、违法乱纪现象。

3.4.2　江苏关于环保信访与舆论监督的实践

2019年11月，生态环境部印发《关于改革完善信访投诉工作机制 推进解决群众身边突出生态环境问题的指导意见》，明确提出生态环境信访投诉工作"12345"的工作思路。各省（自治区、直辖市）积极贯彻落实，结合工作实际，形成了一些好的机制和做法，树立了典型标杆，取得了积极进展。生态环境部政务新媒体开设"信访机制改革"栏目，转发各省（自治区、直辖市）生态环境信访投诉工作机制改革系列报道，以促进生态环境信访投诉工作机制改革，切实解决群众身边突出的生态环境问题，打赢打好污染防治攻坚战。

为贯彻落实生态环境部《关于改革完善信访投诉工作机制 推进解决群众身边突出生态环境问题的指导意见》，江苏省生态环境厅紧扣生态环境信访工作职能定位，在2019年12月底出台了《关于完善环境信访投诉工作机制 推进解决群众身边突出生态环境问题的实施意见》（以下简称《意见》），通过建立工作系统、制定工作规范及考核办法，坚持信息化支撑、规范化运行、法治化保障，全面提升全省生态环境信访工作水平。

《意见》明确，江苏省各地各部门要依托本省生态环境信访举报系统，完善全省信、访、网、电各类受理渠道，构建一体化受理、分级办理平台。依法依规受理信访投诉事项，按照来信来访3个工作日、电话网络2个工作日的期限交办信访事项。依照法定途径分类处理环境信访问题的要求，做好群众信访投诉事项办理工作。依照生态环境保护各项法律法规要求，把群众举报投诉作为发现环境违法行为的"金矿"，严厉打击群众身边的环境违法行为。《意见》还特别指出，要加强信访投诉数据分析研判，从源头预防和解决生态环境问题，充分发挥污染防治综合监管平台作用，实现纪检监察机关对信访投诉办理情况的全过程嵌入式监管，压实生态环境保护责任。借力各级信访联席会议机制化解疑难问题，增强处理疑难复杂突出环境信访问题的工作合力，严格落实领导接访下访制度，加强环境信访队伍思想政治和业务能力建设，把解决群众身边突出生态环境问题工作纳入环境保护工作绩效考核。

为解决原环境信访工作系统存在的数据不兼容、系统不联通、信息不及时等问题，江苏省生态环境厅在认真梳理总结问题的基础上，启动了全省生态环境信访举报系统建设工作。2019年11月，新系统正式上线运行，实现了全省生态环境信访举报事项归口受理、统一办理、综合研判、资源共享。

一是业务工作"一网办"。新系统把江苏全省信、访、网、电等渠道受理的生态环境信访举报事项统一纳入办理范围，有效解决了以往各级生态环境信访举报工作中存在的各自为政、条块分割、信息孤岛等问题。把受理办理、交办转送、回访督办、统计分析、考核评估等信访业务工作环节全部纳入系统管理，实现信访业务工作流程全覆盖。二是信息共享"一网通"。新系统可通过手机APP实现移动化办公，并与生态环境移动执法系统互联,方便一线执法人员对信访举报事项现场查处。同时,与江苏省污染防治综合监管平台和环境监管执法监督平台互通,避免信访事项重复录入,有效减轻基层信访工作人员工作量。三是统计数据"一网判"。新系统汇集了全省各级、各类生态环境信访举报统计数据。通过这些数据信息资源,可分析研判出普遍性、典型性问题并移交业务部门研究,为制定政策等决策行为提供科学参考,从源头上预防和减少信访问题的发生;可及时掌握重点信访事项、重点人员的情况,实现重要信息精准预警推送,利于相关单位及时完善工作措施。

江苏省生态环境厅针对以往生态环境信访举报工作中普遍存在的受理、办理不规范,告知、答复不标准等问题,结合新系统开发应用,推动信访举报业务办理标准化管理,制定了《江苏省生态环境信访举报系统使用工作规范》(以下简称《规范》)。《规范》对信访举报事项办理进行细化、量化、固化和跟踪,让每个工作环节都处于监管状态,重点工作环节都有具体参照标准。

《规范》主要依据《江苏省信访条例》、生态环境部《关于改革信访工作制度依照法定途径分类处理信访问题的意见》等文件进行编制。《规范》具有以下突出特点:一是结合业务规范明确系统操作使用标准,对生态环境信访举报事项受理、转送、交办、办理、督办、考核等工作环节均依据相关法规进行了规范。二是制定了受理告知、结果答复等关键工作节点的文书模板,为基层一线工作人员提供了规范化办理的样本。为推动全省各级生态环境部门按《规范》要求办理信访事项,江苏省生态环境厅配套制定了《江苏省环境信访举报系统使用情况考核评分表》,对各地系统使用情况进行考核。将各渠道信访举报案件是否全部按程序录入系统,信访举报事项办理是否依规,是否将办理情况按照要求告知和答复信访举报人,办理质量是否过关,群众满意率是否达标,是否被上级部门督查督办等内容作为考核重点。

3.4.3 当前存在的主要问题

跨部门的案件处理工作会涉及较多的职能部门,信访案件的复杂性直接决定了问题解决的高难度,群众对案件的解决程度有着自己的要求,因此会造成信访案件解决的满意程度不高。信访案件的回溯则是摆在生态环境部门面前的另一难题。综观历年的信访案件，解决后满意度不高并回溯的案件比例并不低。综合来说，环境信访的办理主要存在以下四个问题：

一是环境信访数量日益增加，执法力量不匹配。随着环保工作不断深入，环保宣传力度不断增强，民众环保意识不断提升，环保维权意识空前高涨，基层环保信访数量较前些年有明显增加。现阶段，生态环境部门大多无专门的环境信访部门和人员，多由执法人员兼职，调处力量与信访现状严重失调。

二是涉及多部门职能交叉的环境信访比重较大，单部门调处难度大。近年来，不少基层环境信访问题涉及面广，涉及行政执法部门较多，如有关餐饮、汽修、垃圾焚烧、夜间施工等信访热点往往涉及市场监管、生态环境、城管等多部门，在调处过程中各部门往往"各尽其责"，无法从整体上、源头上有效解决信访根本问题，造成重复信访数量居高不下。

三是部分政府规划与环境保护失调，成为环保信访的"硬伤"。综观环境信访构成，重复信访消耗了生态环境部门很大的工作精力。分析原因，涉及的方面很多，但是政府规划与布局在一定程度上成了重复信访的"硬伤"。部分地区存在住宅楼"住改商"；工业项目先落地，商住区后规划；商住项目实施过程中政府给予的承诺未能兑现等问题，导致环境相关信访调处难度巨大，问题无法从根本上得到解决。

四是以环保投诉为抓手，盲目、过度维权时有发生。环境信访问题是现阶段执法部门获取环保违法信息的重要途径，为环境执法提供有力的信息来源支撑。大部分环境信访是投诉人在自身环境权益受到侵害时做出的，但也有部分信访投诉人投诉动机不纯，将环境投诉作为获取非法利益的手段，造成了不良的社会后果。

3.4.4 环保信访与舆论监督机制优化建议

良好的环境信访与社会舆论监督是促进执法规范透明的重要力量，一方面促进执法机关更加规范文明执法，一定程度上给予按照执法流程的执法者力量，增强服务型执法机关意识，提升执法活动的整体规范程度，增进公权力机关和民众互信。因此，在公众参与过程中，作为环境执法机关，可从以下三点进行优化考量：

一是建立环境信访工作联席会议制度，健全综合联动机制。环境信访问题不单单是生态环境部门的事情，其中更涉及水务、住建、食药、执法、工信等多个部门，通过设立联席会议制度，明确部门工作职责，充分发挥职能部门的作用，压缩执法真空地带，各负其责各尽其职，共同推进环境信访投诉的预防和化解工作。

二是完善环境信访案件后督察制度。针对已办结的信访案件，深入开展矛盾纠纷再排查和行政执法后督察、"回头看"工作，通过查资料、看现场、听声音、问对象等方式，跟踪督导案件整改进度，加大对违法企业的查处力度，确保信访投诉案件整改落实到位。

三是加大法律法规宣传力度。广泛发动广播、电视、地铁广告等媒体，紧扣法治信访主题，以丰富受理渠道、明辨受理范围、认清诉访分离为重点宣传内容，向群众普及《信访工作条例》《环保领域信访问题法定途径清单》等法规，提升公民对于相关环保法律法规的认知程度，引导群众正确行使权利，依法依规表达诉求。

3.5 生态环境监督管理过程中加强企业产权保护研究

3.5.1 在环境监管中的企业产权问题

近年来，随着新环保法明确查封扣押等新的监管手段的施行和污染防治攻坚战、供给侧结构性改革的强力推进，制度出台频率之高、污染治理力度之大、监管执法尺度之严前所未有。但在此过程中，一些不当的环境监管行为，时不时地对企业的产权造成了误伤。不少地方在生态环境立法、执法、行政管理和政策标准制定与落实过程中，存在落实产权保护制度不规范、不全面、不精细等问题。如环境政策标准不连续、不稳定，调整过快，企业更新难以快速适应。在公开环评文件等企业环境信息时，把属于企业商业秘密的生产流程、专利技术、投资意向、项目规划等信息也在互联网上进行公开。机械理解，甚至曲解畜禽养殖污染防治政策、生态红线规定，擅自扩大畜禽养殖禁养区，限令在极短的时间内搬迁，甚至强拆手续合法、排污达标的养殖场。对"散乱污"企业认定标准掌握不当，搞"一刀切"，强制关停一些合法企业。有的地方多头、重复对企业进行现场检查，现场监管频次过高，过多消耗企业人员经营精力等。

3.5.2 加强企业产权保护的必要性

产权制度是社会主义市场经济的基石，保护产权是坚持社会主义基本经济制度的必然要求。经济主体财产权的有效保障和实现，是经济社会持续健康发展的基础。依法有效保护各种所有制经济组织和公民的财产权，才能增强人民群众财产财富的安全感，增强社会信心，形成良好预期，增强各类经济主体创业创新动力，维护社会公平正义，保持经济社会持续健康发展。江苏率先制定《省生态环境厅关于在生态环境监督管理过程中加强企业产权保护的意见》，从政策法规、环境监管、行政执法、监察督办、信息公开和支援救助等 6 个方面，提出 23 条具体措施，助力企业增强投资信心，助推守法企业获得市场竞争优势。

3.5.3 江苏省加强企业产权保护的目的

为深入贯彻中共中央、国务院《关于完善产权保护制度依法保护产权的意见》和中央办公厅、国务院办公厅《关于构建现代环境治理体系的指导意见》，有效落实《优化营商环境条例》以及生态环境部《关于进一步深化生态环境监管服务推动经济高质量发展的意见》和江苏省委、省政府关于保护市场主体合法产权的部署要求，统筹做好疫情防控和经济社会发展生态环保工作，依法、平等、全面、精准、有效保护企业产权，协同推进经济高质量发展和生态环境高水平保护。

3.5.4 江苏省加强企业产权保护的主要内容

加强产业保护能动性，主要从政策法规、环境监管、行政执法、监查督办、信息公开、支援救助 6 个方面展开。

在政策法规方面，清理、完善生态环境领域法规政策标准，修改、废止不利于公平竞争的市场准入政策措施，细化"散乱污"企业标准与企业关停整治标准。制定出台生态环境法规政策标准时，充分听取企业和行业协会、商会的意见建议，加强合法性和公平性审核。颁布实施新的强制性排放标准，为企业技术升级和治污设施改造预留足够时间。及时、主动向社会公开政策法规和技术标准及标准制修订工作部署、进展情况等。开展"环保学习日"活动，多渠道多形式政策上门、送法入企，提高环保政策法规及标准知晓度，提升企业守法自律和配合落实的自觉性。

在环境监管方面，信守政府承诺，推行信用监管，做到对守法企业无事不扰、标杆豁免，减轻企业负担。对列入《环保信任企业名单》和豁免范围的企业实施差异化监管，对守法记录良好且无环境信访投诉的企业除"双随机"检查之外当年不再进行现场检查。细化完善企业环保信用评价指标体系，及时动态更新评价结果，开展培育、帮扶、辅导，扶持更多的优秀企业进入环保先进行列，引导企业守法自律、绿色发展。加快新技术、新手段应用，探索"互联网＋监管"，依托卫星遥感、无人机、走航车等人工智能手段开展非现场执法检查，借助常态化在线监测及时捕捉企业的异常状况，及时准确发现和预警企业环境污染问题，实现精准"点杀"。在重污染天气应急管控期间，对环保水平领先、达到国家和省相关豁免要求的工业企业和建筑工地予以豁免，杜绝对所有涉气企业、不可中断工序企业"一刀切"地全部临时关停。发展工作机制和政策措施，有效降低企业制度性成本。

在行政执法方面，向社会公开发布生态环境保护综合行政执法权力清单，统一行政处罚自由裁量基准。坚决取消不必要的执法事项，探索建立政府不同部门间"随机联查"，合并涉企检查事项，避免重复检查和过多的分散检查，切实解决多头多层重复执法问题。在查处环境违法行为时，做到移动执法系统覆盖和执法记录仪联网使用两个100%，严格执行行政执法公示制度、执法全过程记录制度、重大执法决定法制审核制度。慎重采用强制措施，严格实施查封、扣押。严格落实既依法依规又科学合理的原则，充分考虑当地经济发展空间需要和区域性产业结构发展规划，防止工作单一化、简单化，避免合法合规企业不必要的关停或者搬迁；严禁擅自扩大畜禽养殖禁养区，生猪禁养区划定方案不得作为禁止养殖强制性措施的依据。

在监察督办方面，统筹生态环境督察和专项行动，严格控制专项行动数量和范围。严禁为应付督察检查而采取"一律关停""先停再说"等敷衍应对做法。不得因某一企业违法行为或某一类生态环境问题，对全区域或全行业不加区分一律实施停产关闭。除国家组织重大活动外，地方不得因举办大型活动等原因，对企业采取停产、限产措施。对畜禽养殖业，避免"突击式"整治或关停。特别是对涉及民生的产业或领域，更应妥善处理、分类施策、有序推进，坚决禁止搞"一刀切"行为。

在信息公开方面，加强环评和执法环节信息公开把控，严格回避涉及企业技术秘密和商业秘密内容，精准保护知识产权，维护企业核心竞争力。

在支援救助方面，完善产权保护援助机制，畅通信访举报渠道，坚持企业接待日制度，尊重并鼓励企业依法反映、解决涉及产权保护事项，及时回应企业合理诉求，实打实帮助企业解决困难，做到件件有回应、事事有着落。发挥生态环境部门法制机构和社会法律公益组织作用，建立多方磋商协调机制，积极为企业提供法律援助服务，帮助企业协调反映环保问题以及做好听证、行政复议、行政诉讼等事项，有效化解矛盾，增加企业安全感、公平感、获得感。

各级生态环境部门应充分认清在生态环境监督管理过程中加强企业产权保护的重要性和紧迫性，作为落实"依法依规监管、有力有效服务"要求的重要抓手，作为推进部省共建生态环境治理体系和治理能力现代化试点的有力举措，作为推动企业绿色发展和经济高质量增长的实际行动，统一思想认识，精心组织实施，统筹抓好落实。

4 生态环境执法高效化、信息化建设

4.1 生态环境综合行政执法工作考核评估体系研究

4.1.1 研究背景

近年来，执法工作逐渐成为环境治理工作的重点。习近平总书记指出，要用最严格制度最严密法治保护生态环境，加快制度创新，强化制度执行，让制度成为刚性的约束和不可触碰的高压线。全国生态环境保护大会当中也提出，切实依法处置、严格执法，抓紧整合相关污染防治和生态保护执法职责与队伍。可见，国家对生态环境执法工作的重视程度日益提高，这为江苏省生态环境保护执法工作的开展提供了有利的契机，也提出了更高的要求。从中共中央办公厅、国务院办公厅发布的《关于构建现代环境治理体系的指导意见》到江苏省出台的《关于推进生态环境治理体系和治理能力现代化的实施意见》，均对生态环境综合行政执法改革作出相关部署，明确要求地方执法机构要进一步优化生态环境执法方式，提高执法效能，要继续在执法机制设计上不断创新、与时俱进，适应人民群众日益增长的生态环境质量需求和经济社会发展状况。

4.1.2 执法考核目的与意义

在执法效能建设工作中，评估考核工作是一项不可或缺的内容。一套科学有效的评估考核体系有助于开展生态环境综合行政执法机构建设，激发执法人员开展工作的积极性与创造性，增强生态环境部门的执法动力。通过评估，不仅可以判断执法工作本身的质量和价值，从而决定是否需要调整和改进，而且还能够对各个部门进行全面的考察和分析，总结经验、吸取教训，为以后的执法实践提供良好基础。以前江苏省并没有比较完善的针对环境执法部门的考核机制，相关的评价体系较为模糊和笼统，难以准确衡量执法人员的工作绩效，需要进一步完善相关的标准。因此，规范科学的评估对于江苏省提升执法工作科学化、精细化、定量化水平具有重要意义。

优化执法方式是实现精准治污、科学治污、依法治污的重要举措，提高执法效能是打赢污染防治攻坚战的有力保障。通过加强和规范全省生态环境执法考核工作，推动全省执法考核制度的建立，进而加快推进环境治理能力和治理体系现代化建设，适应生态环境保护综合行政执法改革要求，实现生态环境部提出的"基本建立职责明确、边界清晰、行为规范、保障有力、运转高效、充满活力的生态环境保护综合行政执法体制，基本形成与生态环境保护事业相适应的行政执法职能体系"总体目标。

4.1.3 指标体系构建

1. 考核评估指标选取原则

（1）综合评价。运用多个指标对多个参评单位进行评价。

（2）系统分析。在进行系统分析时，考虑内部要素（子系统）之间、系统与环境之间的相互制约、相互依存的错综复杂的矛盾与联系时必须遵循的准则。

（3）客观公正。从评价对象的本质出发，对要评价的要素应突出重点，并考虑实际数据可获取情况，避免因指标设置过多、评价过程冗长复杂而影响到整体评价结果。

（4）注重实绩。围绕工作量进行绩效管理工作，这样的管理方式，稍稍偏向于结果管理，注重在工作结束后对于实绩的考核。

（5）分级管理。要求上下级之间组成一条等级链，从管理最高层到最基层，等级链不能中断，而且无论如何下级都只能有一个上级领导，不能实行多层领导，多层领导必然导致下级无所适从。

（6）协同增效。充分发挥单一作用，当两种或两种以上的组分相加或调配在一起，产生的作用将大于各种组分单独应用时的作用总和。

2. 考核评估指标选取依据

考核工作坚持综合评价、系统分析、客观公正、注重实绩、分级管理、协同增效的原则，严格遵循党的十八大和十八届三中全会精神及《关于深化生态环境保护综合行政执法改革的指导意见》《关于进一步规范生态环境执法工作的通知》等文件精神，以《关于优化生态环境保护执法方式提高执法效能的指导意见》《关于开展2020年全国生态环境保护执法大练兵的通知》《2019年江苏省生态环境保护执法大练兵活动实施方案》《江苏省生态环境移动执法系统使用管理考核办法》《关于深化生态环境保护综合行政执法改革的实施意见》《关于加强生态环境执法体系现代化建设的意见》等要求的意见方案为参考依据，并结合江苏实际情况，选取考核评估指标。

3. 考核评估体系构建

结合生态环境部《关于优化生态环境保护执法方式提高执法效能的指导意见》中"从执法力度、办案质量、工作成效、优化创新、指导帮扶、企业评价和公众满意度等方面，制定可量化的执法履职评估办法"的要求以及江苏省生态环境厅《关于进一步规范生态环境执法工作的通知》对执法制度规范的相关要求，同时结合江苏实际情况，本执法考核指标体系由执法力度、执法效能、业务规范、队伍建设、争先创优等五个一级指标组成，每个一级指标下设若干个二级指标，纪律执行不符合要求的一次性扣除30分。评估模型结合江苏省执法能力现代化建设目标，通过评估结果分析，找出执法工作中的短板和不足，引导执法能力建设现代化、规范化。江苏省执法效能考核评估指标体系如图4.1.1所示。

（1）执法力度：包括执法人员活跃度、日常检查、专项行动、信访办结、按期整改等。

（2）执法效能：包括问题发现、违法追究、重案查处、质量改善、有奖举报、执法大练兵等。

（3）业务规范：包括现场执法规范、处罚案卷质量、行政处罚质量、执法信息公开、信息系统填报、工作报告等。

（4）队伍建设：包括机构建设、人员配比、党风廉政、装备配备、业务培训、管理制度、问题通报等。

（5）争先创优：包括经验推广、典型案例、表彰表扬、工作创新等。

4 生态环境执法高效化、信息化建设

```
江苏省生态环境执法工作考核指标体系
├── 执法力度
│   ├── 执法人员活跃度
│   ├── 日常检查
│   ├── 专项行动
│   ├── 信访办结
│   └── 按期整改
├── 执法效能
│   ├── 问题发现    质量改善
│   ├── 违法追究    有奖举报
│   └── 重案查处    执法大练兵
├── 业务规范
│   ├── 现场执法规范  执法信息公开
│   ├── 处罚案卷质量  信息系统填报
│   └── 行政处罚质量  工作报告
├── 队伍建设
│   ├── 机构建设    业务培训
│   ├── 人员配比    管理制度
│   ├── 党风廉政    问题通报
│   └── 装备配备
└── 争先创优
    ├── 经验推广
    ├── 典型案例
    ├── 表彰表扬
    └── 工作创新
```

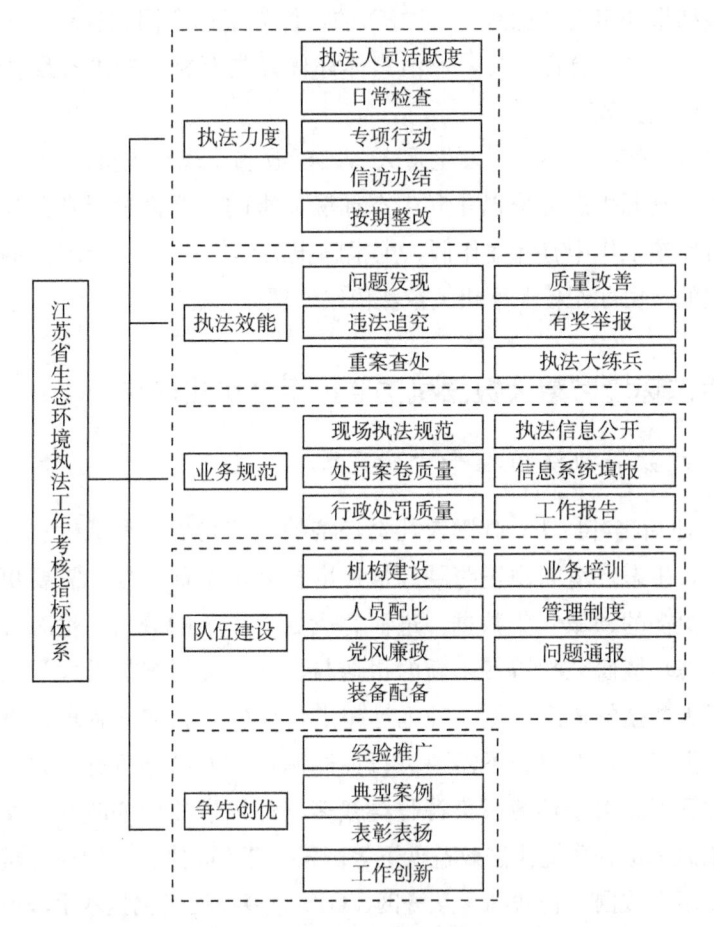

图 4.1.1 江苏省执法效能考核评估指标体系

违反纪律执行，如弄虚作假、舆论影响等一次性扣除 30 分。

具体每项指标计分方法及数据来源见《江苏省生态环境保护综合行政执法工作考核办法（试行）》附件《江苏省生态环境保护综合行政执法工作考核细则（试行）》。

4.1.4 结果应用

设区市生态环境执法部门年度考核依据综合得分确定，评定等次分类。考核结果根据考核评估具体分值，分为优秀、良好、合格和不合格等次评定意见。

考核结果评定为"优秀""良好"的，优先推选全国和省级表现突出集体；考核结果"不合格"的，取消集体评优评先资格，并由省厅执法监督局约谈主要负责人。

因执法工作执行不力，发生重大污染事故或造成重大负面舆论影响的，或造成地区资源生态环境退化和生态环境损害的，严格按照有关规定追究责任。对考核工作中有弄虚作假、虚报瞒报的单位和个人，予以通报批评。涉嫌违纪的，由厅纪检监察机关依法依纪处理。

4.2 生态环境智慧大数据执法监控平台优化研究

4.2.1 大数据执法监控平台研究现状

20世纪后半叶以来，伴随着社会经济的高速发展，全球生态环境问题日趋严重，生态环境问题正跨越局域尺度扩展至全球尺度，需要更大的时空尺度、更多的领域收集数据，进而完成更为复杂的分析。生态环境大数据将给生态环境研究领域带来新的机遇与发展。美国芝加哥大学教授麦肯锡提出了大数据的概念，是一种远远超出传统软件获取和管理数据能力的大范围数据集合，大数据不需要进行抽样调查，可以对所有的数据进行统一分析和管理。由于环境污染源种类繁多、环境事故影响时间跨度长、环境执法依据不足、环境执法效益低下等因素，"环境执法"倒逼环境工作者们综合利用大数据、物联网、互联网、GIS等多种现代化技术手段开展环境执法管理工作。

生态环境执法信息化起源于20世纪80年代的美国，但当时仅能提供简单的接入服务、开发核心环保应用。随着"互联网+"和大数据时代的到来，生态环境大数据给生态环境研究领域带来新的机遇与发展。我国生态环境执法信息化经过三十多年的发展，已初具规模，但是仍然不能适应社会快速发展的需要。政府环境保护主管部门对生态环境执法工作的规范化建设越来越重视，相继要求各地环境执法部门开展网络执法、电子化执法，并将其列入每年各地环境执法工作的考核项目。在目前环境执法力量不足、管理体制不畅、监管手段缺乏的情况下，必须改变传统工作模式和方法，引进现代化的管理理念和先进的技术手段才能改进现状。随着移动网络技术的发展，平板电脑、智能手机的普及，无线蓝牙热敏打印技术的成熟，移动执法的出现给生态环境执法信息化建设突破瓶颈指明了方向。各地在探索中发现，生态环境执法信息化是环境执法与信息技术的完美结合，通过生态环境执法信息化建设，采用移动执法来提高执法水平和效率，已经成为环境执法工作发展的基本立足点和有效途径。

江苏省已经建设了环境监察执法平台，但功能尚不完善，在具体的实施过程中也暴露了一些问题：第一，各地区生态环境部门执法流程不同；第二，环境监察与行政处罚缺少有机联动；第三，执法任务"全覆盖"尚未完成；第四，执法人员使用"全覆盖"尚未实现；第五，信访问题面临挑战，服务决策不精准。环境执法平台需要进一步优化完善，这是当前环境执法信息化建设面临的紧迫的任务，需要抓紧完善环境执法平台。

1. 国内研究现状

截至 2017 年 9 月底，全国共有 2 682 个环境监察机构建成移动执法系统并投入使用，覆盖率达到 80%。其中，河北、上海、江苏、浙江、福建等 18 个省（自治区、直辖市）率先实现与国家环境监管执法平台联网。京津冀及周边地区、长三角、珠三角、成渝等四个重点区域省份均纳入执法平台。

浙江省移动执法系统于 2014 年启用，已覆盖全省所有环境监察机构，系统提供一源一档、任务派发、执法台账、现场执法、使用情况考核、短信提醒等功能，目前已累计解决用户问题多达 1 200 余次，维护全省"一源一档"信息库次数达到 10 万余次。

江苏省为贯彻落实 2018 年全省生态环境执法工作会议精神和省纪委监督意见整改工作要求，已于 2018 年 12 月 31 日前实现全省环境移动执法系统全覆盖、全联网、全使用。2019 年，为解决原有移动执法系统存在的硬件装备老化、系统性能陈旧、数据不实时上传等问题，省厅强力推动全省移动执法软硬件更新换代工作。截至 2019 年 5 月，江苏省应联网的 107 个执法机构全部完成硬件装备更换任务，共到位移动执法装备 1 606 套，执法记录仪 2 450 台，均高于省厅的配备要求。6 月底，移动执法（二期）新平台全面投入使用，达到执法记录统一实时上传要求，目前已上传执法记录 2 万余条。

2. 国外研究现状

国外也存在类似系统，如澳大利亚开发了一套环保执法系统，执法人员用手持的移动设备通过 GPRS 连接到网络，运行系统向后端的服务器提出相应的查询请求，系统可以将查询结果快速反馈到用户的手持终端上，提高了执法效率。英国 400 名地铁警察配备了 PDA，可以通过 PDA 查询违法信息、人员详细信息等，相比于过去的手段，新的警务通系统每次业务操作可以至少节省一个小时的时间，并且所有的任务分配都可以通过警务通实现。

4.2.2 工作基础及存在的问题

2012 年，环保部在全国开展环境监察移动执法试点，江苏省根据全省环境监察能力建设的实际情况，实施了江苏省移动环境监察（一期）工程，在南京市、无锡市、苏州市、南通市和泰州市等地区进行环境监察移动执法系统项目试点建设工作，分级部署了执法软件平台，依托后台环境管理数据库，实现执法信息资源共享。

2016 年，建设江苏省环境监管执法数据联网报送系统，构建部、省、市三级联网体系，省本级、13 个设区市、93 个县（区）均通过江苏省环境监管执法数据联网报送系统与环保部联网，实现执法数据与环保部联网报送。

2017 年，建设江苏省移动环境监察（二期）项目，对一期建设的移动环境监察系统进行升级改造，建设全省统一的环境监察数据中心，具体包括监察执法人员数据、污染源数据及执法数据等的采集建库，把现场执法的设备由笔记本改为平板。实现了部、省、市三级环境监察执法数据交换共享机制。

2019 年，为贯彻落实《中共中央关于全面推进依法治国若干重大问题的决定》和《法治政府建设实施纲要（2015—2020 年）》关于"建立执法全过程记录制度"的要求，全面加强环境保护监管系统法治建设，积极推进环境保护监管部门依法监管，如期实现环境保护监管系统法治建设目标。我省在前期工作基础上，升级移动执法系统，增加移动执法视频联网平台及执法统计分析，不仅要解决执法记录仪"配得齐""拍得到"的问题，更要做到"查得严""管得好"，全面推进环境监管移动执法能力升级，加大移动执法力度，提升环境监管现场执法能力和快速响应水平。

生态环境现场执法有其特殊性，存在着一定的自由裁量空间，往往导致现场执法受人为因素干扰、有法不依、违法不究、执法不严等现象屡见不鲜，有的时候还容易滋生腐败。通过前期工作的开展和对移动执法系统的不断完善，能够有效固化环境执法流程，有效规范执法人员的执法行为，缩小自由裁量空间；通过系统可以监控执法处理的全过程，同时执法结果通过系统实时上传可以在一定程度上减少人为干扰。从客观上杜绝了人情执法，减少了腐败产生的可能性。此外，各地存在环境执法文书不一、执法尺度不一、执法流程不一的情况，通过移动执法系统的建设和应用，可以实现全省生态环境执法机构执法行为规范化、标准化，提高依法行政水平。系统还可以帮助执法人员随时随地了解污染源的详细信息、处理执法任务、汇报工作进程，可以帮助执法人员合理安排执法任务、全面掌握执法信息、加快执法处理进程，从而缓解"人员少、任务重"的矛盾。

4.2.3 技术路线和关键技术

1. 技术路线

（1）采用面向服务技术架构（SOA），提升系统的集成性、灵活性、扩展性

采用面向服务架构（SOA），实现各类数据与应用间灵活调用，从而使整个平台可以灵活扩展数据和新的应用。SOA可以看作B/S模型、XML Web Service技术之后的自然延伸，能够帮助用户站在一个新的高度理解企业级架构中的各种组件的开发、部署形式，可以帮助架构者更迅速、更可靠、更具重用性地架构整个平台。较之以往，SOA系统能够更加从容地面对业务的急剧变化。

（2）采用J2EE技术，提升系统的可移植性，具备"云部署"能力

J2EE是Sun公司所颁布的标准，但已广为工业界所接受，J2EE的出现标志着用Java开发企业级应用系统已变得非常简单。由于J2EE是多层的分布式体系结构，系统的操作和运行具有很好的灵活性；先进的Java计算方案如面向对象、独立于平台、快速集成、代码重用等，使系统具有良好的可移植性和可扩展性。J2EE为搭建具有可伸缩性、灵活性、易维护性的业务系统提供了良好的机制。

支持异构环境。J2EE能够开发部署在异构环境中的可移植程序。基于J2EE的应用程序不依赖任何特定操作系统、中间件、硬件，因此设计合理

的基于 J2EE 的程序只需开发一次就可部署到各种平台，这在典型的异构计算环境中是十分关键的。J2EE 标准也允许使用与 J2EE 兼容的第三方的现成组件，把它们部署到异构环境中，节省了由自己制定整个方案所需的费用。

可伸缩性。基于 J2EE 平台的应用程序可被部署到各种操作系统上，为消除系统中的瓶颈，允许多台服务器集成部署，实现可高度伸缩的系统，满足未来业务系统的需要。

稳定的可用性。一个服务器端平台必须能全天候运转以满足业务运行的需要。将 J2EE 部署到可靠的操作环境中，将支持长期的可用性。

强大的应用开发能力。J2EE 框架中的多种技术提供了应用开发的手段，如 XML、JMS、RMI-IIOP、JCA，从数据级、组件级、应用级等层次支持应用的集成。

（3）应用平台 B/S 三层架构设计，方便管理、维护、升级

B/S（Browser/Server）结构即浏览器和服务器结构。它是随着 Internet 技术的兴起，对 C/S 结构的一种变化或者改进的结构。采用 B/S 架构建设后台管理服务系统，便于系统的统一管理、统一升级、统一维护。

维护和升级方式简单。目前，软件系统的改进和升级越来越频繁，C/S 系统的各部分模块中有一部分改变，就要关联到其他模块的变动，使系统升级成本比较大。与 C/S 处理模式相比，B/S 大大简化了客户端，只要客户端机器能上网就可以。对于 B/S 而言，开发、维护等几乎所有工作都集中在服务器端，当对网络应用进行升级时，只需更新服务器端的软件就可以，减轻了异地用户系统维护与升级的成本。如果客户端的软件系统升级比较频繁，那么 B/S 架构的产品优势明显，所有的升级操作只需要针对服务器进行，这对本项目应用是很有价值的。

系统性能优势。在系统的性能方面，B/S 占有优势的是其异地浏览和信息采集的灵活性。任何时间、任何地点、任何系统，只要可以使用浏览器上网，就可以使用 B/S 系统的终端。

（4）采用组件化开发方法，提高软件质量

组件（构件）技术是以软件架构为组装蓝图，以可复用的软件组件（构件）为组装预制块，支持组装式的软件复用。软件架构是对系统整体设计格局的描述，它为 CBD 提供了构件组装的基础。使用 CBD 技术，有利于

发掘不同系统的高层共性，保证灵活和正确的系统设计，对系统的整体结构和全局属性进行规约、分析、验证和管理。将架构作为系统构造和演化的基础，可以实现大规模、系统化的软件复用，减少应用软件的开发周期，提高软件产品的质量、应用软件的灵活性和对业务变化的适应性，是今后大规模信息系统应用软件实现技术的发展方向。

2. 关键技术

（1）XML 技术

XML（Extensible Markup Language，可扩展标记语言），是当前最热门的网络技术之一，被称为"下一代网络应用的基石"。自它被提出以来，几乎得到了业界所有大公司的支持。XML 具有卓越的性能，它具有四大特点：优良的数据存储格式、可扩展性、高度结构化以及方便的网络传输。以 XML 技术作为支持，为用户自定义应用界面和业务数据结构，并将其与底层数据库定义格式、界面标准输入和输出的接口转换做了实现，可实现分布式、异构应用系统之间的数据交换。国家电子政务整体将基于 XML 的电子公文格式、XML 在电子政务中的应用指南作为第一批 6 个电子政务标准制定项目之一，将其引入后期的数据抽取，是具有先进性的，并符合实际情况以及对系统的建设要求。

（2）数据仓库联机分析处理及挖掘技术

采用数据仓库联机分析处理（OLAP）、数据挖掘技术，对经过聚合和组织整理的环境管理业务数据构建环境执法多维数据集，从时间、地区、行业、水系、重点区域的不同角度来深入研究环境执法数据指标，完成复杂的 OLAP 分析操作。通过统计分析、知识发现、可视化方法，从数据库中提取有价值的经济、政策、污染排放量与环境质量间关系的知识。

（3）GIS 技术

通过各种新兴的技术手段将 GIS 技术全方位与业务流程和应用模式集成。GIS 技术在环境资源监管、复杂信息综合分析及环境信息要素展现方面均有其独到的特点，为处理复杂的环保问题提供了强有力的技术保障。GIS 技术作用于环保部门日常的业务管理流程，将信息数据与地图展现相结合，将日常执法与空间地理地图分析相结合，使环保执法流程形成完整闭环。

（4）RFID 技术

射频识别技术简称 RFID 技术，是目前比较热门的非接触式自动识别技术，其最大优点是可以自动地识别以及无线地传输读取数据。射频识别的通信距离根据频段的不同，覆盖几厘米到几十米的范围，根据读写方式的不同，可以高速读写数千字节，同时安全性也很好。射频识别运用于执法管理，主要优点就是准确率高，能够更高效地管理执法人员。

(5) 网络及信息安全技术

遵循国家有关信息系统安全要求，贯彻分级保护、综合防范、整体安全的策略，综合采用认证、访问控制、数据加密、入侵监测和审计等安全技术，建立安全基础设施、安全服务体系和安全管理平台与安全应用系统，有效保障数据传输网络、应用系统平台、数据资源系统的内部和边界安全，实现整个系统的身份安全、网络安全、数据安全和应用安全。

4.2.4 建设内容研究

1. 建设目标

结合采集的企业执法监管数据和实际业务应用，进行实时数据计算和有效分析。基于现有网格化管理资源，科学划分监管网格。建立业务工作程序化运行机制，建设生态环境智慧大数据，实现政务数据共享，建立舆情信访预测模型研究。基于企业数据采集，实现多源异构数据清洗整合技术，为优化生态环境智慧大数据执法监控平台提供数据支撑。

2. 总体框架

充分考虑平台运行稳定性、可扩展性、易维护性、操作简便等方面的要求，总体框架以整合集成为目标，根据环境执法体系的建设规划、标准规范和实际需求，依照国家电子政务的统一标准与规范进行总体设计。系统总体框架主要由执法标准体系、网络硬件设施、统一支撑平台、系统业务应用、系统门户应用等构成。

(1) 执法标准体系

为确保成功实施，在建设期间首先要确定相应的适合本项目的信息集成规范和数据标准规范，要求所有应用子系统必须按照既定的规范进行开发或改造，以保证系统整体的一致性。本项目在数据标准规范上以生态环境部和江苏省的相关标准为参照，建立本项目的数据标准规范。

(2) 网络硬件设施

网络硬件设施是本项目实施的硬件载体，包括所有接入本系统的数据传输及业务协同计算机互联网设施、各种硬件服务器、安全设备、各种系统平台软件等。

（3）统一支撑平台

统一支撑平台包括工作流引擎、统一用户管理、CA认证服务、数据交换引擎、空间服务引擎等一系列成熟的组件。将环保应用中有关公用功能如认证与授权、日志管理、工作流、数据交换、空间分析服务等功能以公用组件或公共服务的形式集成到支撑平台中，为所有的上层业务应用子系统提供统一的应用支撑服务接口，实现应用支撑层的整合集成，减少系统间的耦合度，便于系统的扩充和部署。在此之上，部署一套基于消息中间件的流程集成框架，为不同子系统之间的流程整合提供帮助。

（4）系统业务应用

业务应用层由各个应用子系统组成，在本项目中将根据建设要求提供各个子系统，完成特定的业务内容。通过发布相关WEB服务接口来减少系统间的耦合度，便于系统的扩充和部署。各类应用子系统需基于业务集成框架进行开发，以实现各个组件、应用系统之间相互独立，同时又基于统一的技术规范体系，便于集成或分布式部署。

（5）系统门户应用

系统通过建设统一的门户应用平台，针对不同部门、角色用户，按照访问权限统一管理，把最合适的生态环境执法信息展现给用户。

3. 建设内容

（1）建设数据中心，实现数据汇聚。通过与建设项目审批系统对接，实现建设项目信息、项目环评信息和项目验收信息汇聚；通过全国排污许可证管理信息平台接口，实现已发放排污许可证企业的排污许可证基本信息、排污许可限值信息、排污许可证申领信息等信息汇聚；通过与江苏省企业信用评价系统对接，实现企业信用评价信息汇聚；实现移动执法、行政处罚、环保督查等数据汇聚；实现废水排口自动监控、废气排口自动监控等数据实时汇聚；通过对接12369、环境信访等系统，实现环境信访举报信息汇聚。

（2）建立网格化管理体系，建立市、县、乡、村四级网络，建立网格化考核评价系统，构建企业环境行为分析系统。

（3）建立监察执法系统。完善统一行政处罚程序，按照统一、标准、规范化流程实施立案审批、立案信息推送、立案信息登记事项实现信息化。调查取证推送行政处罚系统，建立自由裁量模块，自动生成处罚金额。构建企业违法评估系统，对违法数据开展评估。

（4）建立环境信访举报系统。由信访辅助分析、环境信访绩效考核模块组成。绩效考核包含满意度调查、绩效考核排名等内容。

（5）完善大数据分析应用系统。由污染源综合分析、执法综合分析组成。其中污染源综合分析包括污染源变迁分析、污染源分类分析、区域污染治理承载能力分析等内容。执法综合分析包括执法机构强度分析、执法任务占比情况分析、执法有效性分析、执法闭环情况分析、执法对象情况分析以及信访、执法、处罚联动分析等内容。

（6）完善综合分析系统。执法机构执法强度分析。统计各执法机构全年累计出动执法人员次数、车辆次数、查处违法违规案件数量等情况，分析历年执法企业和批次数量变化的波动性。

执法任务占比情况分析。对日常检查、专项执法、专案执法、执法监督、计划外任务等标准执法类型进行分析，对重大活动保障、对象信访不明确、跨地区交叉互查等快捷留痕执法类型进行分析，统计执法类型占比情况，帮助管理人员提前做好执法计划。

执法有效性分析。执法的效率性原则是指执法主体在遵循合法性和合理性原则的前提下，应以"低成本、高产出""低投入、高收益"为原则执行生态环境执法制度与行政处罚。也就是说，生态环境执法既要合法、合理，又要迅速、高效。着重分析重点区域执法有效覆盖，执法力量在排污许可企业、重点行业企业的有效覆盖，执法记录覆盖率预警提醒。

执法闭环情况分析。执法监督包括环境信访案件转入执法检查、立案、行政处罚、执法任务整改、结案和督促落实整改等环节，是一个闭环管理的过程。应避免热衷检查但轻视整改、消除隐患的行为。要把执法闭环管理作为生态环境执法的基本原则，坚持制度、内容、程序、行为、服务等各个环节齐抓，不断提升执法工作的精准性、实效性。

执法对象情况分析。分析执法对象的构成和行为，掌握重点执法对象及存在的主要问题。信访、执法、处罚联动分析。健全信访、执法、处罚、后督察等部门的协调联动机制，进行综合联动分析。形成信访案件及时提示、督察自动报警、整改企业跟踪调查的"流水线"工作，及时调处、整改和归档，避免一般性问题演变成信访突出问题。

4.2.5 设计方案

形成以问题为导向、以企业为中心、以排污许可为标准、以移动执法为保障手段、以大数据分析为引领的执法全程信息化平台。通过梳理业务、流程再造、规范数据标准等手段，实现数据在企业管理、执法工作、处罚应用间的循环转换，最终形成数据实时共享、环境管理的闭环。

打通网格、执法、处罚业务流程，实现业务流和数据流的互联互通，业务流涵盖排污许可、网格监管、监察执法以及行政处罚，通过业务流程再造，实现企业基本信息、企业自我管理信息、企业完善信息、网格核查信息、举报核实情况、检查情况、查处情况、立案、审核、处罚等数据的共享。

业务一体化监管流程如图4.2.1所示。

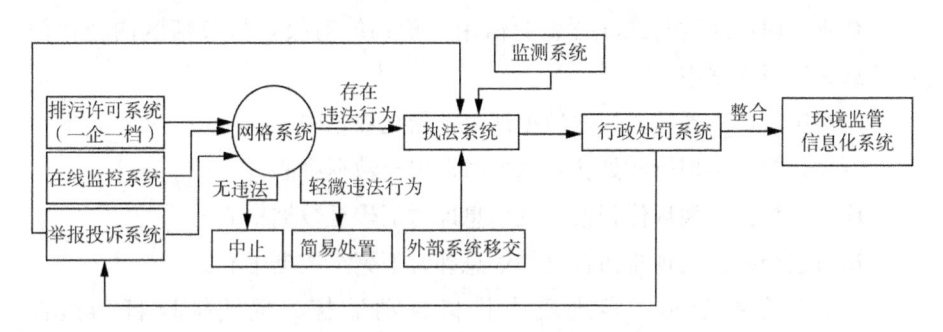

图4.2.1 业务一体化监管流程

1. 数据中心

（1）总体架构

实现数据深度清洗和整合，重点建设污染源单位库、评价体系库和组织人员库三大核心数据库。

依托三大核心数据库，首先实现数据深度融合，并对各类数据贴标签，在数据融合和标签化基础上，可根据业务管理需要灵活构建各种子专题库，即时根据数据标签从三大核心数据库抽取任一子专题相关的各类数据汇聚形成子专题库，满足各类不同环境业务管理、业务综合分析和数据交换共享需求。

（2）数据汇聚清单

① 环保业务数据

环境准入（建设项目审批）：通过与建设项目审批系统对接，将建设项目信息、项目环评信息和项目验收信息等即时汇聚至数据中心。

排污许可审批：通过全国排污许可证管理信息平台接口，将已发放排污许可证企业的排污许可证基本信息、排污许可限值信息、排污许可证申领信息等信息汇聚至数据中心。

排污口审批：实现排污口审批信息汇聚至数据中心，并与企业档案数据、排污许可数据等自动关联匹配。

辐射安全许可审批：将辐射安全许可证基本信息、规划设计放射性规模量、射线装置数量、发放数据等信息汇聚至数据中心。

危险废物经营许可审批：通过与江苏危险废物智能监管平台对接，将危险废物经营许可证信息回流至数据中心。

企业信用：通过与江苏省企业信用评价系统对接，将市辖区内企业信用信息回流至数据中心。

监察执法：实现监察执法数据即时汇聚至数据中心。

行政处罚：实现行政处罚数据即时汇聚至数据中心。

环保督察：实现环保督察相关信息即时汇聚至数据中心。

排污权交易：实现排污权交易信息即时汇聚至数据中心。

污染源在线数据：实现废水排口自动监控、废气排口自动监控（VOCs）等感知数据实时汇聚至环境物联网平台，通过物联网平台将感知数据汇聚至数据中心。

设备运行数据：实现动态管控、总量管控、用水监控、用电监控、工况监控等数据的汇聚。

环境举报数据：实现12369环境信访系统相关环境信访数据整合即时汇聚至数据中心。

② 行政区划数据

建立全市行政区划数据汇聚机制，实现行政区划数据汇聚至数据中心，后期供业务系统按需调用。

③ 组织人员数据

建立市生态局、区县分局、乡镇街道办事处、村委会各级组织机构人员数据汇聚机制，实现数据汇聚至数据中心，后期供业务系统按需调用。

（3）数据整合建库

实现数据深度清洗和整合，重点建设污染源单位库、评价体系库和组织人员库三大核心数据库。

污染源单位库。作为整个平台应用建设的全过程支撑，通过业务梳理，从生态局众多业务中抽取共性信息综合分析而成。污染源单位库包括企业基础信息、业务信息两大子库。

评价体系库。包含群众满意度、环境感知、基础设施、生态空间、企业信用评价五大块。评价体系库数据提取于污染源单位库数据，并为共性数据抽取分析提供支持。

组织人员库。该库是对环保机构及第三方服务厂商信息进行管理的信息库。

2. 网格化管理

实现对污染源的网格化管理。结合电子地图，实现监管区域网格化灵活划分和责任人设定，实现对单元网格的污染源情况查询分析和汇总，可对某个单元网格的污染源情况汇总展示，并可查询关联环保监管责任人。

网格划分。建立市、县、乡、村四级网格，在此基础上可根据企业的密度、规模、行业、数量等维度对区域进行逻辑分区，实现网格员对企业的科学化管理。

网格监管一张图。以 GIS 形式呈现，地图上包括网格划分及污染源企业标记。地图上根据一、二、三、四级网格进行设置，点击不同级别网格，可查看网格区域责任人、辖区企业；地图上的企业可以按网格划分、污染源类型、企业条线和监管部门进行分类查询，点击相应企业名称即可查询该企业"一企一档"信息。

考核评价。对各级网格开展自动化、透明化指标考核。考核指标由上往下自动下发，考核结果由下往上上报。考核指标包括执法人员、污染源检查频次、规范操作性等。

企业环境行为分析。深度分析环保业务数据、污染源在线数据、设备运行数据、信访举报数据等，借助大数据，实现企业的社会环境影响深度分析评价，从而有效锁定重点问题企业、重点问题行业，实现精准管控。

3. 监察执法系统

（1）统一行政处罚程序

① 立案审批

实现行政处罚系统与监察执法系统打通，根据监察执法记录，按照统一、标准、规范化的格式填报"环境违法行为立案审批表"，登记内容为违法单位基本信息和案源基本情况简介等。案件记录生成后，通过案件登记进行立案审查，各级领导进行审批。不予立案的直接归档；确定立案的进入调查取证环节；需案件移送的移送转交到相关部门。

立案信息推送：针对执法人员现场检查过程中发现的违法案件，需立案查处的，执法人员可通过移动执法系统将执法检查笔录、证据资料等信息，连同立案建议一并推送到行政处罚系统，进行立案审核。

立案信息登记：针对其他途径反馈的违法案件，可通过系统立案信息登记功能实现处罚立案建议信息提交，进行立案审核。

② 调查取证

支持通过处罚系统向执法系统推送调查取证任务，执法人员通过移动执法系统实现现场取证，支持现场笔录、现场照片和视频证据等提交。

本系统针对移动执法推送的立案信息，按照调查取证要求将现场执法检查笔录、证据资料等信息形成取证报告一并推送到行政处罚系统。

针对其他途径反馈的登记立案环境违法行为，可通过本系统将立案信息和调查取证任务下发到移动执法系统，执法人员可根据任务要求完成调查取证工作，并在将调查取证信息上报移动执法系统的同时，一并上报本系统。

③ 自由裁量

执法人员可通过系统内置的自由裁量模块对违法案件快速进行裁量定位，包括案件录入，实现与立案的立案互联互通，添加处罚事项，包含选择处罚事项，选择因素因子，选择裁量系数，生成处罚金额，生成处罚结果以及现场打印裁量表。

（2）企业违法评估

基于执法频次、信访数量等数据建立分析模型和算法，对企业违法数据信息进行评估。

4. 环境信访举报系统

（1）辅助分析

实现信访问题以及信访案情案由等数据的清洗、重构和整合，利用大数据分析信访问题规律。

(2) 环境信访绩效考核

建立统一的环境信访绩效考核评价机制，着重从环境信访数量和信访案件办理质量两个方面进行考核评价，并进行排名。

满意度调查：信访事件调查处理完成并向投诉人反馈相关信息后，需对投诉人做满意度调查，支持电话调查、网上调查和满意度回访机器人三种方式，电话调查结果由调查人员根据实际情况录入系统，包括调查人、调查时间、对事件处理的满意程度（可在系统中设置多个等级）、后续建议等内容。网上调查主要针对来自网上投诉的事件，由投诉人填写后自动导入系统。

绩效考核排名：建立统一的环境信访调处绩效考核管理制度，着重从信访量、信访调处及时性、信访调处满意度等方面对环保部门和人员进行绩效评价，并进行排名。

5. 大数据分析应用

(1) 污染源综合分析

① 污染源变迁分析

实现基于时空维度的企业变迁分析。实现全市、各设区市、县（区）、乡镇、村等纳入监管的各类型污染源（按行业、产废类型、管控级别等分类）的历年数量和分布变化情况展示和对比分析；实现不同行政区之间同一类型污染源（按行业、产废类型、管控级别等分类）变化趋势对比分析，从而掌握全市各地区企业迁移和产业变迁形势分析。

实现基于时空维度的污染源监控分析。实现全市、各设区市、县（区）、乡镇、村等纳入监管的各类型污染源自动监控历年数量和变化情况展示和对比分析；实现不同行政区之间同一类型污染源自动监控数量对比和变化趋势分析。

② 污染源综合分析

对污染源情况进行分析，包括污染源类型分析、区域分析、变化趋势分析，行业分析、排污分析等方面。

污染源构成分析：统计分析全市各地区的废水、废气、危废污染源构成，污染源包括工业企业、污水厂、机动车移动源等，以图表展示，并基于地图进行展示。

污染排放分析：对全市各地区（包括化工园区）多年度的废水、废气、危废等污染源排放量情况进行对比分析，提供多年度废水、废气、危废污染源排放量变化趋势分析，可按不同行业进行废水、废气、危废污染源排放量情况分析，以图表展示，并基于地图进行展示。

排污大户分析：进行全市各地区的废气、废水、危废排放大户及不同行业中的排污大户分布和排放情况分析。

通过对污染源综合分析，有助于掌握区域重点污染源构成、排放情况，从而实现污染源精准监管。

③ 区域污染治理承载能力分析

根据全市各区域水污染物排放量、危废产生量，分析各区域污水处理厂、危废处置厂等处置能力是否匹配，有多大缺口，哪个区域缺口比较大等。

(2) 执法综合分析

① 执法机构执法强度分析

对各地区执法机构的强度进行分析，按照系统中各地区执法机构在岗执法人员数量，对全市不同区域执法人员检查企业、频次、执法记录位置信息分布等情况进行分析，并实现不同区域历年执法企业和频次数量变化趋势分析。

有助于掌握各地执法机构和人员是否在履行职责，执法强度是否合理等情况。

② 执法任务占比情况分析

分析全市执法任务完成情况，对全市日常执法、专项执法、专案执法、执法后督察、计划外任务等标准执法类型进行分析，以及对其他工作如重大活动保障或重点管控期间的大面积巡查、无明确对象信访、跨地区交叉互查、水源地和入河排污口巡查等快捷留痕执法类型进行分析，统计执法类型占比情况，提醒管理人员做好执法计划。

有助于掌握各地执法任务来源，从而评价执法任务产生是否合理，是否有计划性。

③ 执法有效性分析

着重分析全市不同地区信访投诉量和执法频次的吻合度，实现信访重点区域和执法重点区域叠加分析，确保信访重点区域执法有效覆盖。

着重分析全市各地区执法重点企业覆盖率，包括排污许可企业、重点行业企业、重点管控企业等，确保执法力量有效覆盖。

对区域内企业数量大、执法记录覆盖率小或者企业数量小、执法记录覆盖率大的情况进行预警提醒。

有助于科学评价地方执法工作科学性、合理性和针对性。

④ 执法闭环情况分析

分析全市执法行为闭环情况，着重分析全市环境信访案件转入执法检查情况，从而掌握全市不同区域信访案件转为执法任务的占比。着重分析全市环境信访案件转入行政处罚情况，从而掌握全市不同区域信访案件进行行政处罚的占比。

着重分析执法任务整改情况，对执法发现的问题、责令整改的执法记录数量以及责令整改后完成情况数量进行比对分析。

着重分析执法处罚转化率，对执法发现的涉嫌环境违法行为、立案查处的执法记录数量以及行政处罚记录进行对比分析，分析执法行为闭环情况，当发现执法行为未及时闭环时，提醒管理人员做好任务安排。

⑤ 执法对象情况分析

实现执法对象构成和行为分析，从而有助于掌握重点执法的都是哪些对象，主要存在哪些问题。

⑥ 信访、执法、处罚等联动分析

对信访、执法、处罚、后督察等进行联动分析，实现信访案件及时办理提示、后督察闭环自动报警提示、停限产和复产企业跟踪检查提示，并对各地区提示的执法任务完成情况（完成率）进行分析。确保信访任务按时完成调处、整改和归档。

4.3 生态环境智慧监管系统建设研究

4.3.1 生态环境智慧监管系统现状

"十三五"期间江苏省高水平完成"垂管"改革和综合行政执法改革，建成生态环境保护综合行政执法队伍。但面对隐蔽式违法排污，精准化发现违法问题等仍存在高科技手段运用不足、智慧化监管水平有待提高等问题。梳理生态环境执法中涉及的智慧监管、治理现代化、信息化远程执法建设等方面可以看出，智慧监管平台以及技术与现场执法联动等发展迅猛，生态环境智慧监管系统在执法监管领域发展前景较大。

建设污染源"一企一档"，实现污染源建设项目及批复、排污许可、举报投诉、移动执法、行政处罚、在线监控、危废申报等多维度监管数据深度治理和数据融合，结合污染源基础信息，构建污染源档案图谱。利用大数据等技术手段和多种机器学习算法，使用企业自身的在线监测数据、工况监测数据、能耗使用数据，构建污染源环境行为评价指标体系，通过对比和关联分析最终形成企业的综合评价得分，实现企业"精准画像"。企业画像评分如图4.3.1所示。

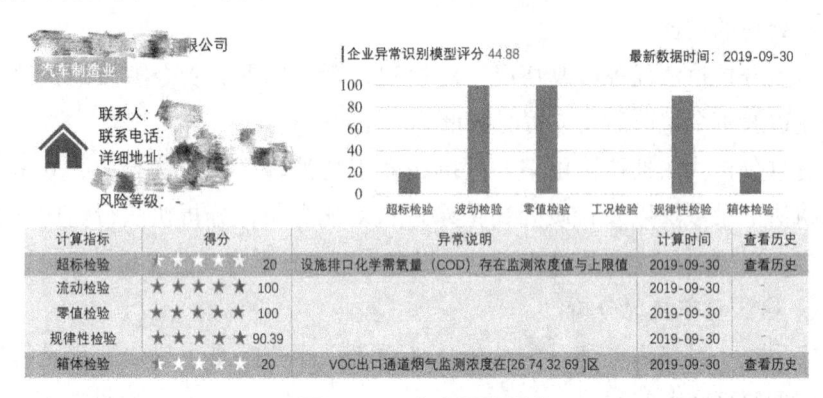

图 4.3.1 企业画像评分

通过智能推荐模型，实现现场执法智能化、自动化联动，提高执法科学性。推荐执法画面如图4.3.2所示。

1."环保脸谱"体系

江苏"环保脸谱"体系，以生态环境大数据为基础，集成生态环境治理各项改革制度、措施、成果，通过建立科学评估体系，最终以"脸谱"的方式直观展现地方政府和企业履行生态环境保护责任情况。建立线上发现、及时整改、线上跟踪、及时调度、线上督查、及时销号的"非现场"监管模式，以及"一码通看、码上监督"的公众参与模式。

"环保脸谱"包括政府"环保脸谱"和企业"环保脸谱"，均通过脸色表情和星级评价具体呈现。其中，政府"环保脸谱"的脸色表情反映地区环境质量，分为"绿色（笑）、黄色（严肃）、红色（愤怒）"，星级评价体

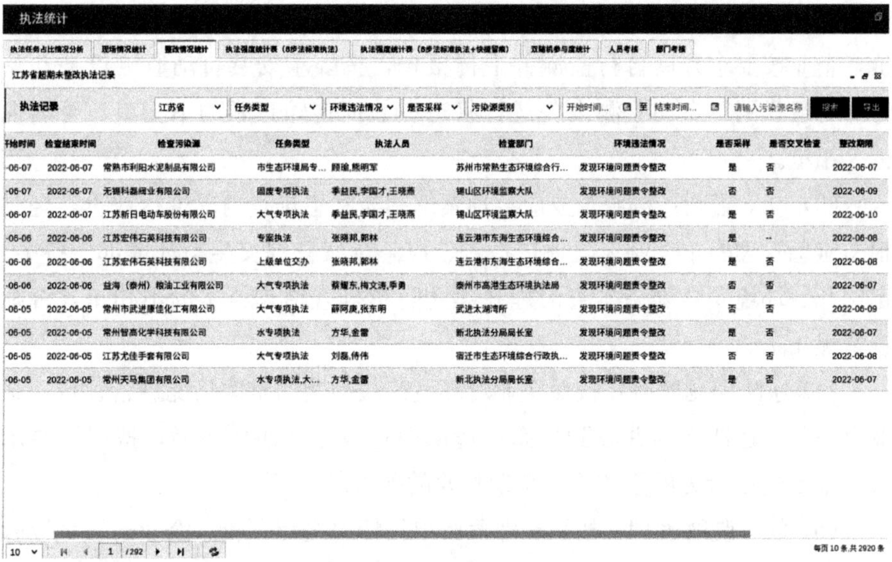

图 4.3.2　推荐执法画面

现县（区）级人民政府解决突出环境问题、应对突发环境事件、化解环境信访纠纷等生态环境治理水平；企业"环保脸谱"包括脸色表情和星级评价，其中脸色表情反映企业环境守法情况，分为"绿色（笑）、蓝色（微笑）、黄色（失落）、红色（难过）、黑色（哭）"五种，与企业环保信用评价结果的颜色保持一致。

为做好江苏"环保脸谱"体系的建设与应用，扎实推动企业落实污染治理主体责任，实时分析企业存在的环境问题，向企业及时预警并推送整改问题和标准，督促企业主动整改、自律守法，提升全省企业生态环境管理水平，按照省主要领导批示要求，结合相关法律法规，制定江苏省企业"环保脸谱"综合评价办法。星级评价主要涵盖当前可动态获取数据的企业生态环境管理要素，综合评价指标包含排污许可证管理、监测监控、应急管理、违法问题整改、危险废物管理等 5 个方面，初始 5 星，进行实时评价，具体评价指标如下：

（1）排污许可证管理：按照企业许可证申领、管理类别填写和执行报告提交情况进行评价。企业及时申领许可证，按照行业类别要求适当选择排污管理类型，按规定定期编写排污许可证执行报告并上传系统的不扣星，否则视情况扣星。

(2)监测监控：根据企业自行监测、联网监控、数据传输等情况进行评价，企业按要求开展自行监测并上传报告，按要求安装自动监测设备并及时与省级联网，自动监测设备运行状态和数据传输正常的不扣星，否则视情况扣星。

(3)应急管理：按照企业应急预案编制与隐患排查情况进行评价，企业根据应急管理要求编制风险评估报告、应急预案并提交生态环境部门备案，定期开展环境安全隐患排查治理并建立隐患排查治理档案的不扣星，否则视情况扣星。

(4)违法问题整改：按照企业对环境违法问题的整改情况进行评价，企业出现环境违法行为并收到生态环境部门行政处罚决定书后，按时限要求及时整改违法行为的不扣星，超期整改的视情况扣星。

(5)危险废物管理：按照企业危废申报情况进行评价，企业通过危废管理平台及时进行网上动态申报的不扣星，否则视情况扣星。

以上扣星均在行为发生时，通过大数据平台抓取信息进行动态扣除，一旦企业完成相应整改，立即自动恢复星级。

目前，企业"环保脸谱"已对9万家排污企业开展了试评估和脸谱化。截至2021年6月底，完成20万家以上企业的评价赋码，初步建成政府"环保脸谱"评价系统，对县（区）级人民政府开展评价赋码。

江苏"环保脸谱"将江苏省生态环境治理领导责任体系、企业责任体系、全民行动体系、监管体系、市场体系、信用体系、法律政策体系等七大体系有机串联，是体现生态环境治理现代化方向的技术集成和管理创新，是压实地方党委、政府生态环境保护责任和企业污染治理主体责任的重要措施，是构建江苏省生态环境治理"共建共治共享"格局的重要抓手，还是生态环境治理从信息化迈向智慧化的一次大胆尝试。江苏省企业"环保脸谱"综合评价标准（试行）见表4.3.1。

2. 网格化监测与指挥调度平台

网格化环境监测系统是一种集数据采集、存储、传输和管理于一体的无人值守的环境监测系统。按照"属地管理、分级负责、全面覆盖、责任到人"的原则，通过GIS技术将网格中的网格划分、网格员、污染源企业、网格案件、空气质量监测、水质量监测等内容在地图上进行叠加并集中展示，进行环境监管资源整合，逐步构建一个"横向到边，纵向到底"的环

表 4.3.1 江苏省企业"环保脸谱"综合评价标准（试行）

序号	评价类别	评价项目及扣星方案	恢复方案	依据
1	排污许可证管理	①未按规定申领或有效期届满后未申请延续的，扣3星 ②排污许可证管理类别（重点管理、简化管理、登记管理）执行有误的，扣2星 ③执行报告未按要求上传的，扣3星	按要求完成后恢复	《中华人民共和国环境保护法》（2014年修订）、《排污许可管理办法（试行）》
2	监测监控	①未按要求开展自行监测并上传报告的，扣3星 ②排污单位具备安装条件，未按要求安装自动监测设备的，扣1星 ③排污单位自动监测设备未按要求在3个月内与省级系统联网的，扣1星 ④每月排污单位自动监控数据有效传输率低于90%的，扣1星 ⑤排污单位在收到数据超标和数据缺失督办单后在3日内反馈的，扣1星	各项要求达到后恢复	《中华人民共和国环境保护法》（2014年修订）、《中华人民共和国水污染防治法》（2017年修正）、《中华人民共和国大气污染防治法》（2018年修正）、《江苏省生态环境监测条例》、《排污许可管理办法（试行）》
3	应急管理	①应急预案应编未编，未备案或未及时修订的，扣3星 ②未定期开展环境安全隐患排查治理并建立隐患排查治理档案的，扣3星	完成预案编制或修订，并按要求备案后恢复 按要求完成后恢复	《突发环境事件应急管理办法》等

续表

序号	评价类别	评价项目及扣星方案	恢复方案	依据
4	违法问题整改	按照企业未按期整改环境违法行为的情况扣星：①有一项环境违法问题超期整改，扣3星 ②有两项及以上环境违法行为超期整改，扣5星	违法行为整改后恢复	《中华人民共和国环境保护法》（2014年修订）、《中华人民共和国大气污染防治法》（2018年修正）、《中华人民共和国水污染防治法》（2017年修正）、《中华人民共和国土壤污染防治法》、《中华人民共和国固体废物污染环境防治法》（2020年修订）、《建设项目环境保护管理条例》（2017年修订）等
5	危险废物管理	危险废物未按规定及时进行网上动态申报的，扣3星	在线申报登记后恢复	《中华人民共和国固体废物污染环境防治法》（2020年修订）、《医疗废物管理条例》（2011年修订）

注：1. 企业初始评星由现有业务系统依据企业提交的信息评定确定。
2. 各评价类别不设权重，均可扣满5星。
3. 最终展示星级以各评价类别最低评级为准。如A企业在危废管理中得到2星、在其他评价类别均得到5星，则"环保脸谱"展示星级为2星。

境监管网络，方便及时发现和解决环境问题，实现环境监管执法反应快、全覆盖、无盲区的工作特点，全面提升环境监管执法。

基于视联网构建的可视化指挥调度系统将指挥调度、视频会议、视频监控、地理信息等多种关键业务功能整合到一套系统平台上，可实现音视频资源的高效整合、现场情况的可视化管理、指挥调度工作的系统性支撑。指挥调度平台具有会议调度、图像调度、GIS调度、指挥车调度、布控调度、人员调度等多项功能，具有高度对接、业务融合、灵活调度等特点和优势，能够打破信息孤岛壁垒，实现多业务统一承载、高效调度，为多部门的协同指挥提供了有力的支持，提高了综合信息的利用效率，提升了应急处置的能力。根据各类预警问题情报线索，由厅业务处室部门（单位）开展日常调度、应急调度工作，统筹指挥省市两生态环境部门（含派驻机构），共同做好环保执法、行政处罚、应急响应等任务指令的传达。针对厅主要领导交办事项、严重环境质量问题、重大环境违法案件、较大以上突发环境事件、较大以上规模集访事项，可以视情况联络协调厅生态环境指挥调度领导小组成员单位开展专项调度，并将问题情报线索及处置结果上报至厅领导。必要时，须由厅领导下达任务指令，再执行专项调度工作。具体流程如图4.3.3所示。

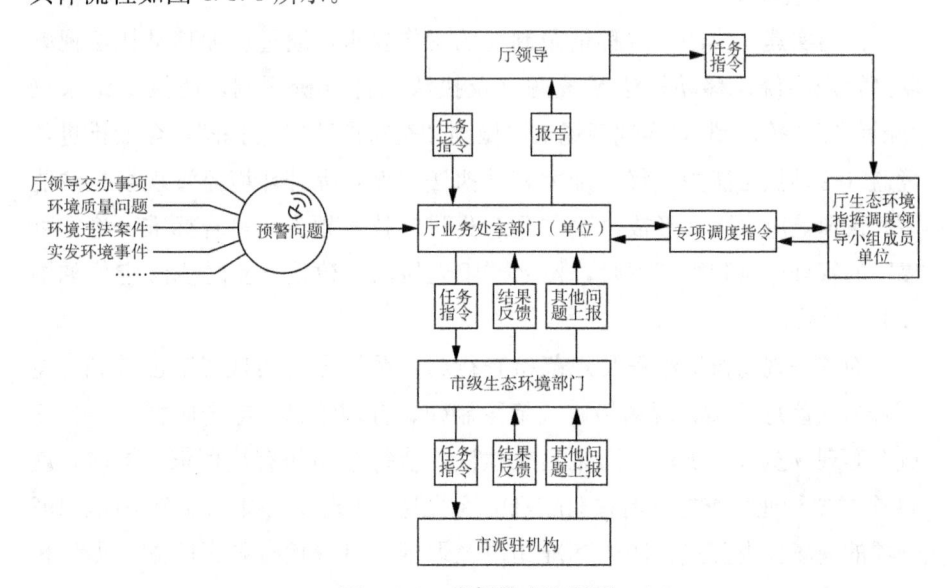

图4.3.3 指挥调度流程图

通过监测预警模型发现线索，由厅业务处室部门或单位发布指令，多部门联合执法，制止企业非法环境行为。发挥线索受理、指挥调度、全程追溯、执法公示、信息共享、研判预警、行政问效等功能。指挥调度新模式的内涵，包括科学明晰的职能体系、全面精准的情报体系、高效权威的指挥体系、规范精干的队伍体系、务实管用的制度体系。新模式发挥了科技化赋能、扁平化指挥、实战化队伍、网格化管理的叠加优势，问题发现早、调查处置快、执法效果好，形成监管执法闭环，极大地提升了监管执法效能。

通过执法统计分析，对各地区重点排污单位、已发排污许可证企业的执法覆盖情况进行统计，统计执法覆盖率；对全市执法人员移动执法数量、频次、执法记录位置信息等情况进行统计，统计移动执法数据，判断执法效果；根据对执法数据的统计、汇总，系统可进行智能化分析，比如在企业高频执法、低频处罚的现象出现时，给予执法任务安排人员或者一线执法人员提醒，减少去该类企业执法的频次；在企业低频执法、高频处罚的现象出现时，执法中心给予监管人员或者支队长提醒，增加去该类企业执法的频次，最终实现执法的智慧化分析，辅助决策分析。

3. 非现场执法

为落实建立执法全过程记录制度的工作要求，通过增加移动执法视频联网管理系统、移动执法系统融合及执法统计分析研判，使执法记录仪"配得齐""拍得到"，实现现场执法做到"查得严""管得好"，全面推进环境监管移动执法能力升级，加大移动执法力度，提升环境监管现场执法能力和快速响应水平，形成一套"理念先进、技术领先、符合标准、稳定可靠"的管理思路和管理平台，推动"阳光执法"建设。实时执法定位如图4.3.4所示。

为统一现场执法流程及规范检查行为，系统先后实现"定位签到、亮证告知、信息核实、现场检查、笔录制作、打印签名、电子归档、任务完成"等现场执法八步法，满足高效执法，使每个动作有法可依。同时，就44个主要行业检查标准内置双随机审核功能，实现8大项、26个小项、192子项的现场检查要点、法律标准用语及取证要点等检查要素匹配，促使执法更标准规范、有据可依。

为贯彻落实党中央、国务院关于深入打好污染防治攻坚战、深化生态

4 生态环境执法高效化、信息化建设

图4.3.4 实时执法定位

环境保护综合行政执法改革、构建现代环境治理体系、加强和规范事中事后监管的决策部署，生态环境部《关于优化生态环境保护执法方式提高执法效能的指导意见》（以下简称《指导意见》）推行非现场监管方式。《指导意见》指出要大力拓展非现场监管的手段及应用，将其作为日常执法检查的重要方式。以自动监控为非现场监管的主要手段，积极利用无人机、无人船、走航车以及卫星遥感等科技手段，科学建立大数据采集分析、违法风险监测预警等工作程序，明确启动现场检查的衔接机制。

非现场执法是指生态环境部门依托天（卫星遥感）、空（无人机）、地（走航车、无人船）、网（物联网、通信网）等软硬件设施，通过网上巡查、大数据分析、线上办理等方式，辅助或全部完成行政检查、行政处罚等事中、事后监管的非接触执法方式。非现场执法的总体目标是鼓励排污单位自觉、依法履行污染防治主体责任，引导其加强环境管理、规范排污行为、主动申报信息。充分利用信息化手段，实现对污染源信息的智能分析，延伸和拓展生态环境执法范围，及时发现和锁定环境违法线索，大幅减少现场执法时间和频次。

非现场检查程序与现场检查流程基本一致，沿用了现场检查"八步法"操作程序，实现全过程记录。按照企业自证达标、实施在线监控、强化网上巡查、及时反馈处置、依法锁定证据、重点现场查处六个步骤,设计工作流程,细化工作规范,实现非现场执法与现场执法的无缝对接。实际操作时,非现场执法又分为非现场检查和非现场处罚两个阶段进行。

(1) 非现场检查

非现场检查主要采用单项式、互动式、嵌入式三种。单向式是生态环境主管部门通过各类信息平台对排污单位、第三方机构进行非现场检查;互动式是生态环境主管部门通过AR、视频、语音等音视频远程连线方式对排污单位、第三方机构进行非现场检查;嵌入式是生态环境主管部门采用无人机、无人船、走航车等辅助手段进行非现场检查。

① 线上巡查执法

目前,江苏省生态环境厅已建设执法之眼和执法音视频管理系统。执法之眼依托省生态环境大数据平台,主要实现了执法人员、污染源以及执法记录相关信息的汇总查看。

② 电子信息固化取证

执法音视频管理系统充分利用全省各地已配置的执法记录仪以及采集工作站,实现了记录仪监控、数据采集、数据存储、音视频监控等功能。系统可以实现非现场执法全程录屏(或者截屏)留证,以音视频方式对实时证据或者企业整改信息进行固化和留存。

③ 非现场执法转现场执法

当非现场执法发现问题后,生成现场执法任务,执法人员开展现场核实取证。若执法人员现场核查未发现问题,可以对现场核查结果进行记录和信息归档,形成非现场执法闭环。

(2) 非现场处罚

非现场处罚程序主要包括证据采集、技术审核、法制审核、告知提示及后续管理等。

① 远程电子化处罚

非现场执法过程中行政处罚事先(听证)告知书、行政处罚决定书优先采用电子化方式送达,电子送达确有困难的,可以通过邮寄送达、留置送达、直接送达等方式。

基于企业"环保脸谱"应用功能,以电子化方式,对企业进行违法行为告知、整改事项告知、申辩、听证和电子处罚单告知,进而实现远程电子化处罚。

② 多级协同处罚

鼓励单位和个人依法参与生态环境非现场执法活动，通过各级生态环境主管部门电子邮箱、即时通信软件以及12345、12369举报平台举报违法行为。生态环境监测监控部门对执法部门采集的电子数据的关联性、真实性和完整性进行技术审核。排污单位、第三方机构存在环境问题或涉嫌环境违法行为的，生态环境执法部门可以采取短信、电话等方式告知排污单位，责令其及时整改。

(3) 江苏省推进生态环境非现场执法主要措施

① 夯实非现场执法工作基础

a. 企业自证达标，落实主体责任。通过媒体公示、政策宣传等方式，充分调动企业自主治污减污的积极性和公众监督的热情，落实企业污染防治的主体责任。列为非现场执法的企业要按照排污许可证管理要求，建立环保日常巡查和信息申报制度，通过企业端APP将生产经营状况、环境管理和达标排放情况及时上传至生态环境部门的监管平台。同时，要按照要求安装自动监测监控设备，与生态环境部门联网，实时报送污染物排放、治理设施运行等信息。

b. 实施在线监控，及时发现问题。加强污染源自动监测监控系统的现场端建设，督促企业按国家有关规范要求，正确安装和运行自动监控设备。进一步加快推进污染治理设施用电监控和视频监控建设，对重点区域、行业、企业实现生产全过程、排污全时段监控，做到企业的污染物排放、设施运行、用电工况、视频等数据"一网打尽"，能够实时动态展示企业的环保治理情况。

c. 建立完善污染源大数据平台。在污染源"一企一档"基础上，将自动监控、用电监控、视频监控、工况监控、危废管理、排污许可、环评审批等污染源监管平台的底层数据打通，有效整合所有污染源信息，实现全省污染源信息"一幅图、一套数、一张表"。健全省厅内部、省市县三级有关污染源信息的共建共享机制，为实现非现场执法和其他环境监督管理工作打牢基础。

② 提升非现场执法能力水平

a. 严格监管污染源自动监测监控设施运行管理。对省级联网的重点污染源自动监测监控设施进行全面核查校验，确保数据真实有效，逐步延伸至市、县两级生态环境部门已经联网的污染源自动监测监控数据，按照"系统自动分析、短信智能推送、企业自主解决、执法精准处置"的目标，全面提升监测监控远程传输、自动预警、调度处理等能力。

b. 配齐配全非现场执法检查装备。省厅依托省环境监测中心、环科院、监控中心、环保集团制定非现场执法的装备标准，加快购置、配备卫星遥感、无人机、无人船、走航车等非现场执法装备，鼓励各地结合实际采取自行购置、协作共用、适时租借等方法和途径配置必要的设备。

③ 建立非现场执法制度体系

a. 强化网上巡查，实现网上执法。通过信息化手段严格执行网上在线巡查制度，通过数据比对、异常跟踪、综合研判等方式，实现网上不间断执法，按照属地日常管理、上级随时抽查的原则，极大地提高查处环境违法行为的效率。

b. 及时反馈处置，快速解决问题。搭建生态环境部门与企业互动反馈的沟通平台，将企业主动报告、自查自纠和生态环境部门预警提醒、督查督办、指导服务、反馈登记等信息在平台上快速高效完成。实行重点行业环境问题电子督办单制度，参照《生活垃圾焚烧发电厂自动监测数据用于环境管理的规定（试行）》（征求意见稿）对自动监测异常数据进行取证，通过电子督办单形式，督促企业查实、处理、反馈有关问题。

c. 依法锁定证据，防止证据灭失。对超标排放在线监测数据按照规范审核后，作为后续处罚处置依据，电量监控、视频监控等数据可以作为直接证据，有效解决"情景难再现"等执法难题。对于环境违法行为，可以通过证据锁定、罚则检索、自由裁量等程序，初步提出处罚建议。

d. 重点现场查处，实现无缝对接。对于非现场发现的一般违法问题，可以通过基层网格员赴现场对排污单位的整改落实情况进行抽查或复核，对严重环境违法行为，在充分利用非现场执法锁定证据的基础上，开展现场执法，依法严肃查处。

将非现场执法与现场执法无缝对接，合理分配执法力量，科学优化执法方式，系统完善执法制度，全面提升执法效能。

4.3.2　生态环境智慧监管系统建设意义

将现代高新技术成果运用于环保领域，可以实现环境保护与经济高速发展的"双赢"。技术和监管的深度融合，形成新的业务场景，淘汰传统"人盯人""大撒网"的监管方法，实现监管方式由传统向智慧转变。执法部门第一时间发现问题、启动响应、妥善处置，创造全网共振的效果，形成强大生态环境执法监管威慑。在日常执法中充分发挥在线监控、大数据分析等技术手段的作用，切实提高问题发现能力，深入推进智慧监管系统建设，进一步提升生态环境执法的完整性、规范性、时效性。

4.3.3　生态环境智慧监管系统升级研究

以提高指挥调度高效性为目标，建设非现场监管调度模块。通过污染源监管态势展示分析环境风险，全面建立指挥人员与一线执法处罚人员的互动连线通道，实现全省现场执法情况统一远程指挥，打造覆盖生态环境移动执法、指挥调度、行政处罚的全链条业务联动机制。

（1）按照行政区划或环境风险影响程度等条件，分窗口实时展示辖区内典型环境风险现场情况。重点对接固定污染源在线监控、"一园一档"、危险废物全生命周期等系统，集成污染源预警决策一张图模块，获取污染源的异常问题，以及该问题的执法任务管理、行政处罚等后续情况，将其作为污染源监控的存在风险进行统一展示。

（2）升级"执法之眼"功能，融通执法音视频管理系统，形成省、市、县三级生态环境部门联动现场执法指挥平台，结合污染源监管态势展示，实现对执法任务、执法队伍、执法资源等现场执法业务的远程指挥和统一管理，通过对执法任务和执法人员点位进行综合分析展示，精细化调度执法人员处理周边任务，并实现执法记录仪连线指挥。

（3）结合非现场执法需求，对执法系统功能进行升级与完善，并与本项目建设的多级协同处罚模块实现流程联通、数据互通，真正做到执法处罚一体化。

（4）打通移动执法系统和企业"环保脸谱"应用的视频通话功能，融通新建的省级行政处罚系统功能，对违法行为进行电子信息固化取证和远程电子化处罚，实现非现场执法。

（5）建设多级协同处罚模块，为江苏省行政处罚提供线上服务。针对发现的各类环境违法行为，为省、市两级生态环境部门（含派驻机构）提供多级协同处罚功能，实现从立案、调查取证、审议、告知或决定到结案审批的生态环境行政处罚全过程管理。